陳福成著

文學叢刊

進出一本改變你腦袋的詩集

——許其正《一定》釋放核能量

文史哲出版社印行

國家圖書館出版品預行編目資料

進出一本改變你腦袋的詩集：許其正《一定》
釋放核能量 / 陳福成著 -- 初版 -
臺北市：文史哲出版社, 民 111.09
頁; 公分. --（文學叢刊；465）
ISBN 978-986-314-618-6（平裝）

1.CST：許其正 2. CST：新詩 3. CST：詩評

863.51 111014358

文學叢刊 465

進出一本改變你腦袋的詩集

許其正《一定》釋放核能量

著者：陳福成
出版者：文史哲出版社
http:// www.lapen.com.tw
e-mail：lapen@ms74.hinet.net
登記證字號：行政院新聞局版臺業字五三三七號
發行人：彭正雄
發行所：文史哲出版社
印刷者：文史哲出版社
臺北市羅斯福路一段七十二巷四號
郵政劃撥帳號：一六一八〇一七五
電話886-2-23511028 · 傳真886-2-23965656

定價新臺幣三〇〇元

二〇二二年（民一一一）九月初版

ISBN 978-986-314-618-6 10465

序詩一：詩人許其正簡介

詩人許其正
中國當代傑出之
詩人、作家、翻譯家
一九三九年出生於
神州邊陲之台灣屏東縣
之潮州南郊
一個不到十户人家的小農村
在如詩如畫的農村田園
與大自然共生成長
出入田園鄉間
接受大自然詩的薰陶
放牛、下田、耕作

捏泥土
吃泥巴
每天無所不做
做得土頭土臉
成了土人
那些詩的基因
在此時
植入了他的體內

詩人長大上進求學
東吳大學法學士
高雄師範大學教研所結業
後曾任編輯、記者、軍法官
教師兼部分文學社團負責人、指導教師等
以任教職最久
從五專、高職、到國中
共計任教師三十三年

其間亦兼任
教務主任十三年

詩人從小在農村田園
蒙受風吹雨打
無條件接受鄉間田園的一切
即使求學、工作
依然如是
大自然、鄉間田園、農家諸事
豐富了詩人的身心靈
在他的體內
播下了田園山水詩派的
健康詩種
鄉村的陽光、空氣、水
加速詩種子的發芽

文學詩歌的種子

在詩人體內
蠢蠢欲動
不斷發出要誕生的訊息
一九六〇年
才廿一歲的年輕小哥
開始發表作品
以新詩和散文為主
多寫鄉村、田園、大自然
歌頌人生光明面
勉人奮發向上
到二〇二二年三月
《一定》中英對照詩集出版
是詩人的第二十七本書
著作等身啊
這些著作中有不少
中英、中希、中蒙、中英日對照本
他的作品已被譯成

英、日、蒙、俄、法、希臘、希伯來、葡萄牙
等多國語文出版發行

他的作品被選入數十種選集
散文、劇本多次得獎
詩人列名
《中華民國現代名人錄》
英國康橋世界名人傳記中心出版《世界名人錄》
《21世紀世界二千名傑出智慧人物名錄》
獲多個榮譽文學博士
二〇〇四年最佳國際詩人
二〇一四年度諾貝爾文學獎候選人

詩人至今八十三歲了
仍專事閱讀和寫作
作品以中、英、日、希臘、蒙古等語文
發表於國內外報紙、雜誌
兼任《大海洋詩雜誌》顧問

《世界詩人》混語詩刊特約總編
澳洲彩虹鸚筆會台灣分會會長
國際作家藝術家協會會員
希臘札斯特朗文學會榮譽會長

歲月匆匆
彷彿才一瞬間已八十三歲了
〈還是要走下去〉
愛詩、寫詩
寫鄉村田園的夢境

附記：許其正著《一定》詩集，台北文史哲出版社，二〇二二年三月出版。這首詩內資料引許其正其他詩集中的簡介。

順帶一說，筆者所有已出版之著作（含本書），放棄著作財權產權，贈於中華民族文化公共財，海內外地區可自由印行，滋養生生世世炎黃子孫，是吾至願。

台北公館蟾蜍山萬盛草堂主人 **陳福成** 誌於
佛曆二五六五年　公元二〇二二年八月

序詩二：笑談人生逆旅

過去，過去的還沒有過去

人生一輩子
已過了幾十年
但過去的
並沒有全部過去
經常從回憶或夢裡
就跳出來
站在我眼前
我就說說過去
很精彩的過去

大約一百多年前
一向號令天下的武林盟主
因腐敗，功夫盡失
且把祖宗寶產當破鞋扔了
大家都忘了「我是誰？」
一夜間被另一股勢力
趕下盟主寶座
呼風喚雨的頭頭們
都成了階下囚
至尊盟主垮台後
江湖上興起各大門派
個個有來頭
決戰帖如雪片飛出
英雄好漢都想一展長才
到處架起擂台
八方風聲鶴唳

誰顧蒼生疾苦
一陣陣腥風血雨
山河大地染成了紅色
十八般武藝輪流上陣
南拳與北腿對峙
西毒與東寇入侵
陽謀與陰謀論道
邪門與歪道盛行
持續數十年
依舊糾纏不清
黑白兩道都無道
都只想謀奪大位

大約六十年前
我獨闖天涯
當年年輕氣盛，正氣凜然
決心投奔南方

拜師學藝，苦修七年
習得戰略、謀略乃至大戰略
盡深藏方寸之間
乃跟隨一票師兄弟下山
為維護正義而戰
不惜戰到一兵一卒
劍在人在
劍亡人亡
死在戰場上
是今世最大的光榮

縱橫五岳天山
向長江黃河進出
是我一貫志向
削平群雄、統一中原
是最後的目標
不幸

志向成空
目標失落
都因各大山頭勇於內鬨
導致美麗的山河
丟光光
一個首領只好率領殘兵敗將
淪落南蠻孤島

大家痛極思痛
乃整經軍武
很有一番中興氣象
過了一段好日子
有一天首領
兩腿一蹬
前往西方極樂國報到
老毛病又犯了
小島又出現諸山頭

又架起擂台
決戰的結果
必有勝出者

一個倭寇警佐與孤島下女之不倫薛種
名叫老蕃癲的大頭目
取得大位
聲稱要自立乾坤
要延續「東寧王國」的香火
老蕃癲死後
繼承者更宣稱要
割斷祖宗八代的血緣關係
小島內
漫天燹火
再陷紅羊浩劫
妖女魔男全面統治這個小島
進行大洗腦

大洗牌
使小島生態產生質變

小小的島嶼變質了
陽光、空氣、水
全是「胎毒」
新生代全中毒
不知道「我是誰？」
成了無根代
所有生物全遭殃
人類退化成類人
屬人的文化文明
澈底從小島斷絕
篡竊偷盜視為正常
小小一個島嶼
在妖女魔男統治下
加速沈淪！沈淪！

這些過去的
還沒有過去
還常在我的記憶中
歷史也不會輕易
讓牠們過去

現在，只有現在被我緊緊抱住

老祖宗說合久必分
分久必合
一切就都交給歷史吧
我有些厭倦
決心把握現在
退隱深山
修煉另一種武功
以筆墨為劍、為刀、為槍

為文武之大業
以文字為真、為善、為美
為無尚之法力
變幻莫測，去來無蹤
穿透時空，與天地合一

修煉到上乘
能以一首詩、一行句
乃至一個字
令妖魔死無葬身之地
令民族敗類絕後
永絕後患
確保江山一統

現在
中原已然崛起
西方妖獸怕怕

這是歷史的大趨勢
也是一種磁石效應
百年大夢
終於就要實現
進而成為全球主盟之大哥
真乃蒼生之福
小島得救

現在
中原一片和諧
就不需我操心了
我專心
用我手上的詩筆
與現代兩岸文壇詩界擴大交流
許多詩人在我筆下
留下他們的燦爛人生
評述他們的歷史定位

使他們的名山事業
永在人間

現在
我享受著一段生命中
最自由自在的
黃昏時光
我的詩筆從未停過
一提筆，以一首詩為
通關咒語
進出歷史時空
密訪三皇五帝
拜見秦皇漢武
相約李杜三蘇
笑談人生逆旅

午夜織夢時

再乘夢的時光機
進出長江黃河
遊走神州大地
一筆在手
筆是一支變形金剛
能變出所思所想
變出的詩
人在詩在
人去詩仍在

未來，誰知道未來怎樣？

誰知道未來會怎樣
我們只是滿滿的希望和信心
邁向未來
過去、現在和未來
都在一條

拋物線上
或是一個圓
眾生無來，亦無去
只是「如來」
我們所能做是
把握現在
抓住當下
有現在才有未來啊！

附記：這是個人一生的簡歷，用詩的方式表現出來，大致顯示某些想法，都是這輩子曾經有過的經驗和信念。

台北公館蟾蜍山萬盛草堂主人　**陳福成**　誌於
佛曆二五六五年　公元二〇二一年八月

進出一本改變你腦袋的詩集

——許其正《一定》釋放核能量

〈一定〉後你一定

「這條路，我走定了，要永遠地走下去……一定！一定！即使黃昏當前，晚霞一樣，可以多彩燦爛。」

八十三歲老詩人、老大哥許其正先生，讀他的詩，你一定立刻進入他的世界，一定改變你黃昏的顏色，甚至，也一定改變你黃昏的路徑，讓你和他一樣多彩燦爛！

許其正以堅定的意志力，灌造他的詩作，這樣的作品會牽動讀者的意識，不光是共鳴，越超共鳴，對你產生了激勵動能，甚至也打開了想像力的「黑盒子」。賞讀這首〈一定〉。

好像才出生
怎麼

一瞬便已黃昏？
「雖御風不以急也」！（註）
還是，一意向前
還是，一意向前
管它有千堆雪
管它有萬重山
一定
一定
還有大好風光
一定
一定
向前行！

即使黃昏當前
晚霞一樣
可以多彩燦爛！

註：語見酈道元《水經江水註》

「好像才出生／怎麼／一瞬便已黃昏？」八十三歲的詩人敲打七十歲的我，這是多麼的驚悚？他的三萬零二百九十五天，我的二萬五千五百五十天，到底是怎麼過的？詩人在提問，我也在質問自己。三萬也罷，兩萬五千也好，都是黃昏啊！

啊！黃昏了！就利用黃昏吧！
或被黃昏利用
我們把黃昏的彩霞
再添顏色
編成彩色畫集
蒐集燦爛

出版成詩集
這就是我們的大好風光

利用黃昏
向時間挖
挖、挖
再挖出一些生命的金礦
別灰心
不後退
「還是，一意向前」
「一定、一定」
「向前行」
挖
再挖
絕對可以再挖出一本
美美的
詩集

許其正啊！
你說是不是

幾十年前，我很喜歡一首台語歌，〈向前走〉（詞、曲、唱：林強），喜歡它的開朗和積極性。聽起來很能鼓舞人心，激勵人「向前行」，雖然前方是未知領域，但只要向前走：（歌詞要台語發音）

火車，漸漸在起走
再會，我的故鄉和親戚
親愛的父母，再會吧
鬥陣的朋友，告辭啦
阮麥來去台北打拼
聽人講啥咪好康的攏在那
朋友笑我是愛做眠夢的憨子
不管如何
路是自己走
……

從現實面看，不管年輕人或老人，也只能向前行，因為後退無路，任誰也不可能再回到昨天。走到八十三歲和七十歲的兩人，永遠不可能再有八十二歲和六十九歲。除非你能乘上愛因斯坦開的：

回到從前的列車
車號是
$E=MC^2$
開始加速了
近光速
等光速
超光速
啊！快來看
我看到許其正初生的樣子
光溜溜
醫生倒提著他的小腳腳
拍一下屁股

哇！哇！
啼叫一聲
童年、青年、壯年、老年
盡在眼前
我也想看看我的初生
……
似有聲音從遙遠的虛空傳來
準備要轉世的人
不帶行李
放下一切
一切放下
開始要準備報到了

讀著、讀著，如一夢驚醒，我正端坐書房，讀著許其正《一定》詩集裡，〈一定〉這首詩，「一定／一定／向前行／／即使黃昏當前／晚霞一樣／可以多彩燦爛」。那就大家一起來詩頌黃昏彩霞吧！

黃昏彩霞最美麗
最燦爛
最自由
完全解放了
愛往哪裡飄
就隨性往哪裡飄
不想漂
就睡大頭覺
或寫寫詩
在詩中稱孤道寡
當朕

黃昏彩霞最美麗
可以任性
做自己想做的事
可以依老賣老
（不露痕跡）

31　〈一定〉後你一定

不看任何人臉色
就如許其正
管他千堆雪、萬重山
一定向前
不久，你一定
再端出一本詩集

滾滾紅塵如〈車輪〉

有一個高僧在江邊，觀熙熙攘攘的船集，帆進帆出，熱鬧極了，他看出眾多往來人們只為兩件事：名與利。這就是人世間所有人的人生嗎？我們中國在明朝時有一位學者僧人說的比較具體，他的詩偈說：

急急忙忙苦追求，寒寒暖暖度春秋；
朝朝暮暮營家計，昧昧昏昏白了頭；
是是非非何日了，煩煩惱惱幾時休；
明明白白一條路，萬萬千千不肯修。

這位學者僧人叫念菴，生於明宏治十七年（一五〇四），圓寂於明嘉靖四十三年（一五六四）。俗名羅洪先，字達夫，江西吉安府（今吉水縣谷村）人，是明代地理學家、製圖家。晚年在少林寺出家，著有《念菴集》、《冬遊記》等。

念菴對世人如何度過一生，有這樣深刻的描述，很真實，所謂「明明白白一條路，萬萬千千不肯修」，這指的是宗教修行之路。但很多人可能不了解、不明白，中國文學具有宗教功能，中國歷史上許多詩人作家並無宗教信仰，他們把文學創作當成信仰。在台灣地區的詩人中，把詩創作當信仰，大概就是綠蒂（王吉隆）和許其正了，這只是我初淺的判斷，並非結論。

念菴形容世人每日煩忙的樣子，台灣用一句俚語形容，「人生如甘羅（台語發音）」，日日月月年年，就是一直轉、一直轉，直到不轉了，倒下，人生結束。這樣形容好像人生沒什麼意義，有存在主義味道。許其正用〈車輪〉一詩形容，則顯得很正面：

向前行進
向前行進

已經向前行進多遠了
還是要向前行進
已經向前行進多久了

還是要向前行進

輾過多少崎嶇坎坷了
還是要向前行進

歷經多少風塵雪雨了
還是要向前行進

皮膚都已皸裂了
還是要向前行進

向前行進
就是向前行進
不去標榜什麼任重道遠那些偉大的口號……

這首詩可以象徵性的，看成詩人的人生觀或行事風格，就好像證嚴法師常說的，「做就對了」，沒有什麼偉大的口號，就是「向前行進」。這麼的單純！這麼的簡單，一切的真理，都是單純、簡單的。

只是一句
簡單的
向前行進
也許
前面風光大好
也許
就改變了日子的顏色
也許返老還童
再也許
黃昏就不是黃昏
每個黃昏
有朝陽之氣
你不相信嗎？
只要
向前行進

生活本來如陀螺（台灣話叫甘羅），只在原地打轉，或如念菴的形容如一隻無頭蒼蠅，不知生活的意義何在？人生的目標何在？只是「昧昧昏昏白了頭、煩煩惱惱幾時休」。如此說來，人和動物差別幾稀！不知道這樣的人生，是過了還是沒過？這條人間道，是走過還是沒走過？最後也迷迷糊糊的走了，眾生絕大多數是這樣子走的！

但轉念成「車輪」就完全不一樣，有目標、有方向、有承載力（責任、承擔），也有一定的路線，這些都是很正面且積極性的。這是就車輪所代表的意象而言，給人向前行進的方向和動能。

當然，詩人的人生「車輪」較為辛苦，「輾過多少崎嶇坎坷了、歷經多少風塵雪雨了」「還是要向前行進」。不論前進多遠、多久，「皮膚都已皸裂了／還是要向前行進」。詩人「天行健、君子以自強不息」，如此堅定、積極的人生觀，深值為他頌歌：

我們這些老人家們
肉體
就在菩提樹下

修行吧
進入幽思潛識的世界
同時開展
想像力的翅膀
以超越「車輪」的速度
起飛吧
我們回到從前
回到年輕時代
起飛吧

飛向我們生生世世
生活的祖土
神州大地
再一次親臨
貢嘎山、博格達峰、
梅里雪山、泰山
珠穆朗瑪峰、華山

峨嵋山、五台山
聽文殊菩薩說法
聞普賢菩薩講經
身心自在
快活、舒爽
清淨

聽經聞法之後
我們去拜訪
咱們中國的古聖先賢
謁見三皇五帝
重溫老祖創世的神奇
或拜見秦皇漢武
感受他們的
豐功偉業
或去看看李杜三蘇
請教

如何寫好詩

悠遊於神州大地
遲早也會碰到
屈原和李後主
我們就安慰安慰
他們受傷的心靈
再邀他們倆
神遊美麗的寶島

就這樣
我們一路向前行進
「皮膚都已皸裂了
還是要向前行進」
沒有什麼偉大的口號
老人家們
我們就一路同行吧

白駒過隙〈一甲子・一瞬〉

現在一個地球區隔成兩個世界，一個是年輕人的世界，一個是老人家的世界，台灣更是嚴重。因為年輕一代受到台獨偽政權的洗腦，一個個全都變質了，不敢承認自己就是「道道地地的中國人」。體內都流著中國人的血緣，不敢承認、不去認同，更嚴重的，還一味否認或醜化自己的祖國。可憐啊！可悲啊！根都沒有了，不要了！如何為人？

所以，我們老人家們，就只能和老人家們相聚，吃吃飯、聊聊八卦、罵罵台獨妖魔，相互取暖。可以取暖的地方越來越少了，別以為地球暖化，就處處有溫暖！

老夫也過七十了，相聚餐敘的一些朋友，也都是七老八十的一票老人家，大家在一起快樂取暖。唯一的共同感受，也是時間過得太快了，怎麼突然就老了，現在一個月不覺又過了，時間越來越可怕。如許其正這首詩，〈一甲子・一瞬〉。

一甲子，一瞬
一瞬，一甲子

那些青春飛揚的日子
多少甜美和歡笑在裡頭燦亮
歷經一甲子的風霜雨雪
任我們怎麼嘰嘰喳喳地召回
現在它們也只能像繁星，閃爍在回憶裡

一甲子只是一瞬
一甲子雖由一個一瞬又一個一瞬堆疊而成
其實卻也只是一瞬

現在時已黃昏
光華已漸褪去
我才來插班，是否

能看到還有多少個一瞬
堆疊出另一個一甲子

珍惜呀珍惜每一個一瞬
珍惜現在這個一瞬
去堆疊另一個一甲子
至少讓此時的晚霞能夠燦黃昏！

附註：內人蜜子初中畢業後六十年，該屆同學於今（二〇二二）年五月廿五日，在東港舉辦同學會，到有廿五人。作者忝為臨時插班生（眷屬？），亦插一腳，謹致贈每人拙作散文集《晚霞燦黃昏》一冊，祈望眾人真能如書名，晚霞燦黃昏！

「那些青春飛揚的日子／多少甜美和歡笑在裡頭燦亮」。啊！詩人的青春、你的青春、我的青春、她的青春！都是飛揚的日子。那我們就設法留住青春！使「青春永駐」，成為永恒！此事不須求助愛因斯坦，只須用我們的筆，便可留住青春，歌頌我們的青春：

我們的青春
在田園
與大自然同在
和蝴蝶玩捉迷藏
讀書以外
少不了承擔
父母的一些責任
收割稻米
牽牛、飼牛
切地瓜、養猪
直到上了大學離家
而寒暑假
仍在田裡度過

我們的青春
在校園
有女朋友時

四季都是春天
所有的孤寂
都是絢爛的寂寞
只要牽著她的小手
比牽牛快樂多了
好像擁有全世界
青春多美麗

「現在時已黃昏／光華已漸褪去……珍惜現在這個一瞬／去堆疊另一個一甲子」。再也沒機會了！難不成科學家真能叫人活二百歲，沒關係！我們就在詩創作裡喃喃自語，在回憶中享受曾經擁有的青春。

老了就老了
晚飯後
在自家附近的林道散步
發現一個老人
在喃喃自語

沒有表情
我仔細看出
連個影子也沒有
左思右想
喃喃自語的老人
會不會就是我
或我的未來
這一想
非同小可
我從沙發上驚醒
思索著
剛才那情景
到底是真的
還假的？

在現代詩裡形容時間飛快，如洛夫〈煙之外〉詩句，「潮來潮去／左邊的鞋印才下午／右邊的鞋印已黃昏了」；如淡瑩〈飲風的人〉詩句，「左肩剛披上秋色／右肩已落滿雪花及鄉愁」。都是傳達時間的飛逝，好像一左一右間已過了一年，時間雖快，並不引人驚恐。

許其正的構句形容，則很引人產生強烈驚恐。「一甲子，一瞬／一瞬，一甲子」，兩者反差極大，一甲子是六十年，一瞬可能是一秒。六十年如一秒過了，這是驚恐！更是驚悚！

黃昏裡
時間正在燃燒
殘陽漸息
只剩一把灰
我乘光影
提一桶水
想救火
使時間不再燃燒
可以暫停
讓我再享受一點青春的餘火

一甲子
一瞬
都在滾滾紅塵間
青春被我
揮霍掉了
青春俱已不在
不甘於
只剩頹廢
就把一甲子風雨
凝結成
一首詩吧

只有把生命
化成一首首詩
才能對抗時間的追殺
因為詩不怕刀槍
不怕水火

49　白駒過隙〈一甲子・一瞬〉

當所有人都入土為安時
詩還活得好好的
它才不管什麼叫一甲子！
什麼叫一瞬！

〈那隻牛犢〉出現在我的夢中後

許其正在詩集前〈還是要走下去〉短文，說到因出生在鄉間田園，早年在田園生活，鄉間田園的日子就永遠忘不了。這也影響了許其正一輩子的創作風格，他的詩以田園風光著名於世。

所以，我在寫許其正的第一本賞析，《現代田園詩人許其正作品研析》（台北：文史哲出版社，二〇一八年八月）時，就把他定位在「田園詩人」派。他說「這條路，我走定了，要永遠地走下去。」《一定》這本詩集的風格，都是他早年田園生活的詩化，田園美麗的回憶，如〈那隻牛犢〉。

那隻牛犢突然出現在我的夢中
赭色的身軀
強壯的四肢
彎彎的犄角

大大的眼睛
還沒被穿鼻
看似稚嫩、幼小

在那個寬廣的童年牧場上
牠跟其他牛隻一起
嚼著草
奔跑著
偶爾甩著尾巴
偶爾翻水
也偶爾撒撒野

嚼草，嚼出自在
奔跑，奔跑出活力
甩尾，甩出悠閒
翻水，翻出清涼
撒野，撒出純真

活得快樂
無憂無慮

那個寬廣的牧場本來就是牠的天地
牠在那裡長大
和其他牛隻一起
嚼草、奔跑、甩尾、翻水、撒野
時間曾經把牠遮掩
昨夜卻突然出現在我的夢中
還是嚼草　奔跑　甩尾　翻水　撒野……

二〇二二年的年初，想說很久沒去動物園（木柵）走走，與妻去看看動物們日子過得好不好！我們東逛逛西看看。發現可愛的鼠輩們，過著無憂無慮的生活，看起也健康、快樂又活潑，最能吸引人的目光，小朋友們對可愛的鼠類，普遍都有好感。

到了虎、牛、馬區，情況立即改觀，牠們很明顯的活得不快樂、不健康！這是一眼便能看得出來的，不須專家再調查。牠們活動空間太小，沒有原野，沒有河流給牠們翻水，我一時覺得牠們好可憐！

現在的小朋友要看牛看馬，只能到動物園看不快樂、不健康的馬牛們。小朋友更沒有機會親近動物，更別說牽牛、飼牛、騎牛、與牛同行。啊！許其正詩中的情景，已經回不來了！那個時代逝去了！滅亡了！春花秋月何時了？就連「那隻牛犢」也不存在了！

那古老的時代
魂嬝嬝
有如一朵
已經入土的春花
過去的秋月
只能在夢中想它
或化成一蝶
找尋往日的
春花秋月
重溫美麗的舊時代

55 〈那隻牛犢〉出現在我的夢中後

那隻牛犢
出現在我夢中
牠翻水、奔跑、撒野
我感覺
牠是我
我是牠
人牛合體
只有夢中的回憶是無私
也無我

只要在夢中
便不在乎是舊時代
或新時代
也不在乎是何時的春花
或何時的秋月
我修行於
天人合一

物我兩忘
無差別

我記得小時候，每天和牛生活在一起，牛是家裡重要成員，牽牛、放牛、飼牛是每天都會碰到的功課。此外，牛每天也和農人同樣辛苦，犁田、耕地、拉車，都是成年牛的工作，可以放風、奔跑的是小牛。

身為牛，少不了有些「不人道」的待遇，例如要被穿鼻，有時要被閹。小時候看一群大人在做這些事，都覺得很殘忍，很同情那隻牛。有一次還看到殺牛場景，實在是於心不忍！

詩人許其正「那隻牛犢」「昨夜卻突然出現在我的夢中／還是嚼草　奔跑甩尾　翻水　撒野……」。詩人長期生活在農村田園，必然和牛也有很多相處的經驗，他的詩喚醒了我輩同時代人的回憶。

你八十三歲
我過七十
我們不甘只剩回憶
選擇、一定

向前行
去發現
也許可以再發現
一個新大陸
甚至發現一條
新定律
把 $E=MC^2$
推翻了
親愛的讀者
別罵我們老番顛
就是不甘
只剩回憶
才要積極向前行
去發現
別說不可能
一切的可能
都是存在的

我思
故我在
晨醒
先望向窗外
是否就是新大陸
或有新的物種
在窗外
晃啊晃

人老了
頭腦多動動
回憶固然好
更要積極向前行進
再發現一個新世界
或至少再寫一首
讓李白氣得

要去跳太平洋的詩

晨醒
我望向窗外
似夢非夢間
恍神之際
一隻從未見過面
也從來不認識
的一隻美美的彩蝶
長像、身形
都像我年輕時代的女朋友
牠竟然
竟然對我嫣然一笑

牠不僅對我嫣然一笑
更神奇的
牠說話了：

兩位老先生
「那隻牛犢」的時代
過去很久了
至少是五萬年前的事
你們已身處新世界
我是你們發現的
第一個新物種
我們是高智慧蝴蝶
早在幾萬年前
我們的蝴蝶科學家們
早已把你們人類
那個笨蛋科學家愛因斯坦
說的那個
落伍的公式
$E=MC^2$
推翻了
我們的蝴蝶效應

已超光速
整個銀河系
都是我們的一日生活圈
寒假可以全宇宙走透透
兩位老先生
不簡單
你們積極向前行進
才有這些新發現
向二位致敬

我想，「那隻牛犢」，可能是詩人真實的童年經驗，所以是真實的經驗，回憶是所有老人家的共同擁有。但詩創作也可以「無中生有」，從夢境中提煉靈感，化成翩翩詩章，如李白「白髮三千丈」，不必拿尺量有沒有三千丈；同理，也不必考證〈那隻牛犢〉中，牛犢是否真實存在？更不必考證「高智慧蝴蝶」是否真有？

〈走進書裡〉讀書之利弊

從古到今，大家都希望有書可讀，有機會受到正規教育（不正規也好），有機會成為知識份子，人生就是「成功組」。所以，按常情常理，人人都應該讀書，這是現代國民教育的基本理念，「強迫」入學讀書。

但凡事都有一些限制或例外，所謂「放諸四海的真理」除了在佛國有，在人世間是不存在的，萬事萬物，都存在利弊兩面性。就是包含「讀書」也一樣，存在許多限制，有利有弊。

讀書有利，大家都接受。但說讀書有弊（害），大家可能不接受，也難以理解。因為這是一個很深層、有些複雜的命題，文字也不能「完全解釋」。基本上，讀書是利多，如〈走進書裡〉一詩。

每次走進書裡
眼前便不一樣了

即使再怎麼黑暗都明亮了
即使再怎麼矇矓都清晰了
即使再怎麼閉塞都開朗了
即使再怎麼憂傷都快樂了
每次，每次都這樣

曾經困惑不解
現在竅門開通了：

原來書中有許多字詞句讀
原來書中有許多哲理
永遠閃著光芒
不論何時都在清除
黑暗、矇矓、閉塞和憂傷
不論何時都在引進
明亮、清晰、開朗和快樂

這是用詩語言，清楚明白的說明、象徵並暗示的講了讀書之利，確實好好讀書可以得到許多好處，可謂百利而無一害。通俗的說是人生最好的投資，書中自有黃金屋（財富、權力），書中自有顏如玉（嬌妻、美人）。可以這麼說，世俗人生所要的理想目標，都可以透過努力讀書而獲得實現。因此，歌頌讀書之利：

讀書
就像孫悟空的學習過程
先有上進心
有強烈的學習意志
於是遠渡重洋
留學、拜師
努力學習
學如逆水行舟
不進則退
他堅持向前行進
上窮碧落

黃泉下
堅持學習目標
終於
皇天不負苦心人
長生術、七十二變
跟斗雲、火眼金星
天下武功
盡被他學到
讀書應如孫悟空
理想必能實現
目標必能達成

讀書之弊（害），是指讀書容易受到文字「限制」，出現很多通病，如隔閡、誤解、固執、偏見、坐井觀天……害處也很多。在《六祖壇經》〈機緣品第七〉，有一段記載，一個女尼叫無盡藏，常誦《大涅槃經》。六祖大師一聽便知妙義，女尼便拿著經文來請教六祖：

師曰：「字即不識，義即請問。」
尼曰：「字尚不識，焉能會義？」
師曰：「諸佛妙理非關文字。」

六祖惠能大師沒讀過書，不識字，這是歷史上幾乎大家都知道的事。六祖說「佛法妙理與文字無關。」大家知道，所謂讀書，必然要通過各種文字，而佛法妙理與文字無關，這就表示想要通過「讀書」，解得佛法妙理，是行不通的。但是，不用文字要如何傳揚佛法呢？

因而佛法禪宗就主張「不立文字」，其本義是「不著文字相」，因為文字本身就是限制，只能使人在小範圍內成為「專家」。所以書讀很多，只能販賣知識（當老師），或傳播知識，難成大師、大器、大老闆，而且容易固執又偏見，成為太過自我、坐井觀天之人。這是讀書之害，詩說讀書之害：

一本書
是一道高牆
在牆內
悠遊

牆外是另一個世界
牆太高
極難翻超
久了
也就習慣了
反正在牆內
混的不錯
於是
你就成了
高級知識囚徒
享受著現有的
財富、權力和女人
這是弊害嗎？
或者也是一種成功

說完讀書之利弊，再從反面「不讀書」之利弊來說，世間一切事，都有利弊兩面可論述。例如，讀書與不讀書、結婚與不結婚、出家與不出家……喝酒與不喝酒、跳舞與不跳舞、寫詩與不寫詩……凡事都有利有弊，這是宇宙內的人事常態。

先說「不讀書」（包含無機會、或讀不多）之利。這種情形很有機會得諾貝爾文學獎，或成大師、大老闆。另有一種情形，目前地球上仍有很多遠離現代文明的部落，他們仍過著很原始的生活，與世界完全隔絕，他們也沒有文字，人都不讀書，代代相傳他們的「生活經驗和知識」。我覺得，這有什麼不好？現代文明才不好。因此，詩頌原始部落不須讀書之利：

自然的來
也自然的去
在大自然中生活
吃自然
在自然中
生產與交配
代代傳承
自然老了
自然死

自然回歸大地

一切都自然生死
自然生活
不積存財富
只是一個個小部落
不組黨
不建國
世界都不知道我們存在
這樣最好
我們就在大自然中
絕不進化
也不退化
放棄現代文明
自然自在的
生活著

再說「不讀書」之弊。有一個媽媽帶著孩子，經過台大校園內的水稻實驗場旁小路，看到一些人在稻田工作。媽媽就大聲對小孩說：「小明，你不讀書，長大了就只好和他們一樣去種田。」還用手指著田裡工作的人。

不遠處的一個老教授走過來，對這媽媽說：「這位太太，不好意思，田裡工作的都是我們台大農學院的博士生，他們不是不讀書，他們都很會讀書才有機會在這裡種田，這些水稻關係到台灣人吃的米好不好？……」

按老一輩的想法，不讀書之弊害，就是長大了只好種田或做工，這表示種田或做工是沒有出息的，這當然難以定其對錯好壞。但在現代社會，不讀書就難以得到專業知識，不好謀生，更別想成龍成鳳，這就是眼前的困局。有田可種算幸福，無田可種，只好賣勞力，去做工，成為「金字塔」最下層的一員。

詩頌不讀書之弊：

不讀書
要混那裡
那裡都混不下去
只好當混混
混過一生

到工地去混
工地也不好混
太陽總是太毒
磚石水泥太無情
傴僂的身影
老了十歲
到底是自作自受
還是命運的安排

連午夜做夢
也是災難
夢中
媽媽大聲說
小明，你不讀書
長大只好去做工
我哭著問媽媽說

現在讀書來得及嗎？
媽媽不回答
消失在夢中
我驚醒
上工時間快到了
……

就普遍性、常情常理而言，讀書是對的，讀書利多。如許其正〈走進書裡〉所有的好處，都是讀書得來，讀書使他成為一種著名的中國詩人，成為二〇一四年諾貝爾文學獎候選人。當然，筆者能夠舞文弄墨，也是因為有讀了一些書，才有一點小小的成果，給自己人生一個交待！

眾生都在〈追逐〉

嚴格說來，一切眾生都追逐，從生追逐到死，追逐到轉世，來世再重新開始追逐。就這樣，一世世的追逐，永無止息，直到有一世修成正果，脫離六道輪迴，去了西方極樂世界，便不再追逐，永住極樂國。

那麼，一切眾生在世間到底追逐什麼？可以簡化的說，追逐更好的生存條件和生活品質，或再簡化，追逐名利、意義、價值等。若要更具體的說，眾生所追逐都不一樣，商人追逐錢財，政客追逐權力，詩人作家追逐更好的作品問世。乃至一隻獅、虎，每日也在追逐溫飽，追逐一塊鮮美的羊排或頂級牛肉。不是嗎？不知道讀者客倌，你追逐什麼？你的人生有什麼美麗的追逐？

我想，詩人許其正是一個善於追逐的人，他一生堅持「向前行進」，不論何時，都在向前行進，這便是一種追逐機制。賞讀他這首〈追逐〉。

從小就喜歡追逐

玩著童年遊戲
從後面追逐在前面飛奔的童伴
在鄉間的土路上
盡最大的力量
大聲呼喊，汗流浹背
一直窮追不捨

那在前面飛奔的是什麼？
是蒲公英如煙的飛絮？
那如煙的飛絮是什麼？
是縹緲的夢想？
是縹緲的希望？
就在前方
好像到手了，卻硬是抓不到

從小追逐到大
從小小的地方追逐到天涯

有時只剩咫尺的距離
卻硬是抓不到
在前面飛奔而去
抓不到就是抓不到
真是刁蠻的東西

還是要追逐
下定決心，堅強意志
任它在前面有多刁蠻
任它在前面多會奔逃
即使到天涯海角
即使精疲力盡，傷痕累累
還是要追逐
非抓到不可

這首詩可以看成〈一定〉向前行之不同表現法。為追逐夢想和希望，詩中展現了強大的動力、堅定的意志力，這種近乎「核武能量」的釋放，一定會感染讀者的腦袋，也啟動了他追逐的本能。就是筆者也被這詩的能量帶動，跟著追逐：

我追逐
不分季節
追逐傳說中
傳說中生命的魔法棒
可點石成金
化腐朽成神聖
何處尋？

我追逐
不分年齡
追逐一名傳說中
傳說中
我的天命女神
擁有她

等於擁有一枝魔法棒
因此，我窮追不捨
非抓到不可

我追逐
日復一日
年復一年
終於看到天邊不遠處
那美麗的女神
翩翩起舞
我使盡吃奶的力氣
再追逐
眼看著
就快追到了
……

這是我的追逐，我想，許其正的追逐比我偉大多了。「那如煙的飛絮是什麼？／是縹緲的夢想？／是縹緲的希望？……真是刁蠻的東西！」是什麼「目標」如此的刁蠻？原來他所追逐的是文學詩歌的「珠穆朗瑪峰」。加油啊！快到手了，只剩咫尺的距離。

加油
一座文學詩歌的
珠穆朗瑪峰
已在眼前
看似
咫尺的距離
伸手一抓
抓到空
只抓到一片夢
那刁蠻的東西
又給逃了
逃得連影子也不見了
沒關係

就是沒關係
任它多刁蠻
一定要追到它
一把抓住

要重構詩的境界
取天地自然中
最美的田園意象
建構最高境界
一定要高出珠穆朗瑪峰
這樣才能
在最短期間內
最快速的
捕獲
那刁蠻的東西

已追逐多久了？那夢想、希望依然縹緲。「還是要追逐……即使到天涯海角／即使精疲力盡，傷痕累累／還是要追逐／非抓到不可」。這是詩人的決心，海可枯、石可爛、太陽可滅、宇宙可亡，而詩人追逐的意志恆不動搖，可敬可愛啊！詩人！我們就一起追逐吧！

我們追逐
追逐歲月的腳步
任歲月快慢
追著陽光
從年頭
到年尾
追逐四季的腳印
捕獲一些
風聲雨聲
好放在詩集中
閱讀時
有潺潺水音

我們追逐
追逐春花秋月
任那夢跑得多快
仍要追它
就算只追到一朵落花
一片殘夢
也甘心
一片握在手中的花瓣
勝過天邊
那廣闊的一座大花園

何況
我們不會停止追逐
那座花園
也遲早被我們追上
而那刁蠻的

珠穆朗瑪峰
並不會一直長高
只要不停追逐、追逐
遲早被追上
捕獲、攀登

眾生都在追逐，追逐各種不同的理想，光是在台灣詩壇，我就看到各種不同顏色的詩人，追逐著不同色彩的價值。此外，我常看到獅群追逐野牛，老虎追逐羊兒，牠們也是為生存或改善生活品質而追逐，牠們和我們追逐有什麼不同？

〈讓日子風和日麗〉恒久不變

地球表面的山河平原海洋，從地球誕生以來，就不斷因自然的運動力量而改變。例如，在很多高山、沙漠的地層裡，發現海洋動物化石，證明該地在多少億年前是海洋。世界上許多大河大江也不是恒久不變，其流域也是經常改變（如黃河多次改道）。只是這些山河海洋的轉變，通常是幾千幾萬年的漸變，人類壽命太短，難以親眼看到轉變的過程。

但因社會發展的需要，城鄉面貌快速轉變，許多溪流、河岸、農田、村莊等，也因經濟開發的需要而改變原貌。這樣活生生改變，現在年紀大約六十多歲以上的人，都可以親自見證到台灣地區，這半個多世紀的轉變。

半個多世紀來，台灣全島改變極大，從農業社會變成現在（什麼社會），人口也從一千多萬增加到兩千多萬，這必然造成土地利用的改變。有的好變壞，有的壞變好，如詩中所提到這條小河，從污染嚴重的「大排」，變成清新健康的「河廊」，賞讀〈讓日子風和日麗〉。

這河道現在改稱河廊了

曾經被辱稱大排
是收納各家户排放污水的排水溝
當然藏污納垢
黑不見底、蚊蚋遍生、臭氣沖天
那年颱風來時
大水還氾濫成災
淹進家户，高及二樓

而現在經過整治
搖身一變，改稱河廊
已是休閒好所在
河水清且漣兮，步道舒坦
噴泉並由日光映照出彩虹
可以散步，臨水觀魚，賞鳥

呼吸新鮮空氣，浸浴芬多精
擁抱健康

我每每在這傍晚時分前來
閒步……
哈，斜陽光照
哈，晚霞燦黃昏
真是風和日麗
多麼美好！
但願這美好的日子和風景
會恒久不變……

大約在筆者小時候（約民國五十年以前），台灣地區不論城鄉，幾乎所有溪流都是乾乾淨淨，清澈見底，魚兒悠游，小朋友戲水。那時鄉村、田園多美麗，人們、動物都和自然同生共在，那是多麼美麗的時代！

那是多麼美麗的時代

水牛、魚兒和小朋友
一起在溪流裡
泡澡、玩水
親如一家人

那美麗的時代
四季都有藍天
百花也在四季
輪流開
説到處有桃花源
也是真的

可是啊！人都要追求財富，國家也要經濟發展，加上人口越來越多，美麗的時代遠去，鄉村田園變色。漸漸的，幾乎所有清澈溪流都變成「大排」，「是收納各家戶排放污水的排水溝……」。是否印證了一件事，人有了錢就變壞，那是變色與變壞的時代。

變色又變壞的時代
人們追求財富
不管大自然死活
不顧土地健康
陽光、空氣、水
全中毒
溪流毒死了
白鷺鷥死給你看
螢火蟲死給你看
溪魚死給你看
大自然死了
人也活的不好
人活在有毒的土地上
許多人空有財富
而半死不活
物極必反

那時代如煙
慢慢散去
但太慢
等
等待人們會從錢堆裡
醒過來
等待一種意識的覺醒
可以改變環境
使大自然起死回生
白鷺鷥復活
溪魚回來了
螢火蟲回來了
大家都在等待
等待一種意識的覺醒

人們的環保意識終於覺醒了，大約民國七十年前後，各縣市「環保局」逐漸成立，人們開始關心自己生長的土地，關心環境問題。於是許多環境問題得到改善，從「大排」變身「河廊」，老人家們早晚在河廊閒步。「但願這美好的日子和風景／會恒久不變」，願這風和日麗恒在，讓每一代的老人家都能擁抱健康：

願風和日麗
恒久不變
願百花四季開
夏天別太熱
秋天不太殺
冬天勿太寒
四季皆如春
無戰火、無壞蛋
讓西方極樂世界
示現在人間

願風和日麗
恒久不變

人間道上
繁花似錦
每一朵
都打扮的美美
為我
感恩啊
一切的美好
都與眾生分享
分享風和日麗的四季
恒久不變

說實在的，台北各溪流河岸都有在美化，新店溪、基隆河和淡水河，我常在走，河岸成為居民活動好去處，還算美化的可以。但很可惜，河裡的水還是非常髒，有些段甚至髒臭，只是隔離在人的視線外，這表示我們的環保做半套，還有很大改進空間。

賞讀幾首迷妳小品

幽默大師林語堂說：「演講最好是像小姐的迷妳裙，越短越好。」這是真的。所以，除了學生時代被迫去聽演講，之後我幾乎從來不聽演講，我的感覺是得不到知識，尤其現在的一些演講，毫無新意。也有人找我臨時上台去講，我都講得比「迷妳裙」更短，皆大歡喜！

讀詩也一樣，台灣詩壇流傳一句話，「長詩是讀者的災難」。我想也是，像《奧德塞》這種超過萬行的詩，可能三千年來，沒有一人把它從頭到尾讀完的。

按一般印象，我所了解，大家還是喜歡短詩，大約是十行以下，乃至五、六行以下的小品，我也特別喜歡。在《一定》這本詩集，有幾首可愛的精短小品。賞讀這首〈沒關係〉。

勞碌一生
認真做事
忠厚為人

你雖然很快就走了
但是，沒關係
不用說對不起
你再渺小
至少你無損於人
不管多少
至少你對人世盡了一份力了

一個詩人，一輩子就是努力創作寫詩、出版詩集。而身為一個人，認真做事，忠厚為人，雖人生苦短，沒關係。不求豐功偉業，不當高官居大位，不追求財富權力。沒關係，你完成人生自我實現。詩頌：

沒關係
權力財富
讓人腐敗
高官大位
讓人都變成

不像人
嚴重者
使人類退化成
類人
這多沒詩意
沒關係
當一個詩人就好

沒關係
當一個詩人就好
心安理得
詩中擁有一切
詩的能量是權力
詩的境界是財富
詩的品牌是大位
人生的勳章
盡在詩裡

那一本本詩集傳世
正是詩人
一塊塊瑰麗的勳章

李白說「古來聖賢皆寂寞」。我想，當詩人也是寂寞又孤獨，許其正在二〇一二年出版的詩集《盛開的詩花》，其序強調「走自己的路」，在〈走自己的路〉一詩說，「只有一個人／孤獨地走自己的路／孤獨地向前走」。寂寞啊！詩人，沒關係。一首〈懍〉。

一隻鷹
疾飛
展雄姿

一枝梅
笑傲
向嚴寒

〈懍〉，短短六行，極有深意的小詩，用雄鷹與寒梅，象徵強烈的生命力，可敬！可畏！當然，詩人也有自我激勵的用意。畢竟，一路走來多麼艱困，但絕不能退縮。詩頌生命力：

凜
凜凜
可敬！可畏！
無畏一切
一切無畏
孰不祇凜
旺盛的生命力啊
詩頌你
禮贊你

凜
凜凜
可敬！可畏！
你是薛西佛斯

這塊詩歌文學巨石
你一個人推
要推上
珠穆朗瑪峰之峰頂
詩頌你
禮贊你

詩歌文學常在運用「薛西佛斯」意象，我在《現代田園詩人許其正作品研析》（台北：文史哲出版社，二〇一八年八月）一書，也用薛西佛斯形容「許其正精神」。〈懍〉詩意涵也給人強烈的鼓舞，無畏困境，勇於表現奮戰的生命力，不要動不動就去跳太平洋，可惜了父母給你的生命。再一首〈困〉。

一團絲
牢獄
細
灰暗

霧呀霧
路在哪裡？

突出去
突出去
啊，陽光！

孔子說「四十不惑」。大約是說，人要到四十歲時，對自己的人生之路才會明確，對面對的問題才會理性判斷而不生疑惑。當然，每個人資質不同，可能差別很大，有的人一輩子活在疑惑中，走在十字路口也是有的！

〈困〉一詩，是詩人一生在面對困境時，或身處迷霧中時，必須找出一條「出路」時，所用的辦法（面對的態度）。只有一個辦法，「突出去／突出去／啊，陽光！」。詩人啊！這是你的智慧、決心和意志，詩頌：

智慧、決心、意志
是一把利劍
用於突困

天下無難事
兩下子
就突出去了
眼前
又是一片明媚風光
燦爛朝陽

智慧、決心、意志
是心中的指南針
有一天
身處迷霧中
走到岔路
走這條？
或那條？
片刻猶豫
短暫沈思
啊！路

就是這條
詩人之路

人在年輕的時候，通常會思考自己的人生未來方向。除了讀書外，到底要做什麼？光是寫詩「不能當飯吃」，詩也不能養家活口。所以，要考慮很多事，成家、立業、工作、職業，這些會「糾纏」人一輩子，在諸種糾纏中，還要淨心寫詩，很不容易。一首〈浪子〉。

隨著雁
北飛，隨著
雁南遷

逆風
冒雨
滄桑誰見？

驀然回首

驚見
頭上棲滿
花白的傷痕

心理學家說，人生所有碰到的困境、挫折、傷害、滄桑……所有負面的東西，最終要自己去撫平、消化；父母、老婆、孩子、長官、朋友，全都幫不上忙。我積五十年之觀察、研究、反思，確實是如此！

如這首詩，詩人一生南北奔波，不知碰到多少艱困難題。然而「逆風／冒雨／滄桑誰見？」。身為「男子漢大丈夫」，很多事說不出口，都要自己「消化」，尤其「頭上棲滿／花白的傷痕」，盡早撫平、消化，才對得起這輩子的「浪子」流浪。詩頌：

北飛
又南來
原以為這裡是
永久的巢
誰知定位

太混沌
我們
總在聚與分中
漂流

在漂流中一夢醒來
驀然回首
一個時代已被汰舊
另一個不認識
的時代
說被換新
我的季節也變了
白雪寒冬
浪子不再漂流
他找到安身立命之處
在詩國裡

在實際上，人在宇宙中是永遠在流浪的。地球繞著太陽轉一圈是一年，太陽繞銀河系轉一圈是兩億五千萬年，所以人就是「宇宙浪子」。「身」永遠不在定點上，但「心」要安頓好，生到這個世界，就不得不一直〈涉〉入，除了「涉入」，無處可去。

滾滾濁流
滔滔
涉入，還要
涉入
濕了？
髒了？
管不了
即使沒頂

佛陀稱這個人間世界叫「五濁惡世」，人一誕生，就被迫「涉入」此一惡世，只要活著，就不得不在惡世裡「滾滾濁流／滔滔」之中，浮浮沉沉，隨時都有沒頂的可能。直到有一天，真的由於任何原因「沒頂」了，你便脫離苦海！

但你不能時間未到，就以跳樓的方法脫離苦海，你要打起精神，勇往直前。就像詩人一樣勇敢，「濕了？／髒了？／管不了／即使沒頂」。奮戰下去，便有機會成為眾生之「成功組」。詩頌「涉入」。

即已涉入紅塵
不能回頭
無路可回
只能
沿著紅塵路
涉入
再涉入
一直走下去
害怕
找不到路

無畏涉入
一定可以找到路

有時不明白
眼前有路
行不通
有時紅塵地圖上
很多成功路
反叫人迷路
所以你要不斷涉入
再涉入
最終，你會
在現在和未來之間
找到正確的路
不會沒頂

本文賞讀幾首「迷妳」小品，都是行數少，用字又極為精簡。而有豐富的內涵，深厚的詩意，意象鮮明，境界也很高，這便體現了詩人的創作功力。

賞讀兩首鄉愁作品

深入理解所謂的「鄉愁」，有幾個不同的層次。最初級是對自己出生地、父母所在地或童年久居地，產生的眷戀感情。再上升一級是祖先發源地，如台灣人大多來自大陸各省，後世子孫會去「尋根」或祭祖。更上一層是文化和祖國認同，例如我們認同中華文化，也認同炎黃子孫，我們就是道地的中國人，中國就是我們的祖國，對祖國的認同依戀，是一種強烈的鄉愁。

最後也是最高的鄉愁，是人生最後的歸宿，最後要往那裡去之「愁」。這通常就進入了宗教領域，最後的「原鄉」，可能是天國或西方極樂世界，那裡才是人生最終極、也是「最後的家園」。

但幾千年來，許多中國詩人作家們並沒有宗教信仰，孔子孟子也沒有宗教信仰，而是把文化（詩歌文學）當成信仰。所以，中國文學就有了宗教功能，詩人作家們把「文學生命」當成「最後的家園」，在文學中安身立命。而西方文學不一樣，文學就是文學，不能取代宗教，不能有宗教功能，文學不能成為信仰，這是東西文化的不同。所以西方人鬥中國人鬥了四百年，至今仍不了解中國人，從現的雙方鬥法，就看出西方人太笨了！

人上一百，形形色色，也不一定人人都有鄉愁，尤其受到政治洗腦，很多人就會變質。例如台獨偽政權大搞「去中國化」，許多人就不敢承認自己是中國人，否認中國文化，那他們對「祖國」還有鄉愁嗎？肯定是沒有了，他們愁的是權力和財富。

另有一種「超理性人」也沒有鄉愁，考古學家證明人類最初的故鄉，就在非洲肯亞，數百萬年來人類不斷遷移，每個他鄉會變成「暫時的故鄉」。隨著科學進步，現代科學又證明地球上的生命，並非土生土長，而是來自外星球。生命的原鄉不在地球上，在宇宙的某一角落，如是超理性人還有鄉愁嗎？

一個正常的人，對父母祖居地、自己出生地和童年久居地，懷有眷戀情感，我認為是高貴的情操，不眷戀才是「問題人物」。本文賞讀許其正《一定》詩集中的兩首鄉愁作品，第一首〈鄉〉。

又聽到廣播器播出到站台語的部分
把潮州的潮字讀成潮流的音
每次乘坐這路公車都一樣

讓我懷疑，我是否迷途到了異域
還是我的故鄉已改了面目？

故鄉已改了面目？
是被 PM2.5 污染成這個樣子的？（註）
還是被大眾的口水噴成這個樣子的？
總之，這已不是原來的故鄉了
那個清純的，沒有雜質的才是我的故鄉！
那個農作物茂密生長，綠滿大地的所在
那個鳥飛蝶舞蟲唱的所在
那個雞犬相聞的所在
那個人們個個純樸滿臉堆笑的所在
才是我的故鄉
是個極純美的詩鄉
現在已改變了

科技的發達，人心的改變

是 PM2.5 給污染成的
是大眾噴出的口水噴成的
以致我都認不出故鄉了

故鄉，故鄉已變了樣
我哪裡去尋找？
我已失了鄉
我要的是那個原始的純美的
詩鄉
在異鄉
即使天天思鄉我也甘願
甚至失了鄉我也甘願
只要潮州的潮字不被讀成潮流的台語音
我便心滿意足

附註：據新聞報導，潮州火車站是全台灣污染最嚴重的地方，潮州鎮洪鎮長也在鎮公所掛出污染警告旗幟，提醒鎮民防污。

許其正是一九三九年（民28）出生在屏東潮州，他在青年期以前久住潮州，在台北成家立業也數十年了，依然眷戀著潮州。如同筆者，一九五二年（民41），出生在台中鄉下地方一個「雞生蛋、鳥拉屎」的地方，台北住了幾十年，我也仍眷戀那鄉下老家。

但是啊！五六十年來，台灣的城鄉改變太大了。「故鄉，故鄉已變了樣／我哪裡去尋找？／我已失了鄉」。是我們都失了鄉，大問題一大堆，不是只有污染，官商勾結貪污，都使故鄉變樣、變質、變形，回不去了！

回不去了！「那個原始的純美的／詩鄉」，我們曾經度過許多快樂時光，「暫時的故鄉」，就永遠存在我們夢中吧！當成美夢回憶。

深夜中
夢中醒來
有故鄉之歌
響起
我的眼神裡
為什麼？

有淚的微光
為什麼？

為什麼？
睡不著
就起來坐在窗前
望明月
思故鄉
或寫寫詩吧
那純美的故鄉
已化成詩
詩鄉裡
才有我們的故鄉

我們心甘情願
只要做夢
做夢就好

不要醒來
一醒來就失了鄉
這樣美夢
就恆久存在
就算是
現在的我們都已經是
身影佝僂
依然擁有做夢的權利
有夢最美
夢在，純美的故鄉
依然在
夢不在，純美的故鄉
必不在
那時
對我們來說
不僅故鄉不在
地球也是不在的

現代量子力學證明，人的意識存在西方極樂世界，極樂世界便存在，人也是意識到這個人間世界存在，這世界便存在。所以，人死了，無意識了，便一切都不存在，故鄉不存在，地球也是不存在的，對無意識者而言。賞讀另一首〈故鄉病了〉。

在我的記憶深處
我的故鄉
山明水秀
天青氣朗
陽光普照
從小，我就在這裡
盡情玩耍、奔跑、蹦跳、上學、工作
逐日長大
那是我非常喜愛的地方
世事滄桑，我還居他鄉

幾十年後回來
所看到的故鄉卻也滄海了：
山明水秀哪裡去了？
天青氣朗哪裡去了？
陽光普照哪裡去了？
張眼看去
空間幾乎是灰濛濛的
許多人戴著口罩
許多人不敢大口呼吸
以前的綠野不再那麼鮮綠了

探究再探究
原來這幾十年來
從雲嘉南高雄等地
還有境外
飄來許多塵霾
這些有毒的氣體

為大武山所阻，便落在這裡
故鄉因此病了
而且病得不輕
所有的空間、景物都變了樣了
常常多了一層灰
不止灰濛濛，看不清晰
有人甚至因此罹癌、肺部受害
這怎麼是我的故鄉？
難怪在外地常聽到
有人說台語時把我的故鄉的潮字讀成潮流的音
唉，連故鄉名字的語音都變了
不，都病了

這是我的故鄉嗎？
至於我是否也和以前一樣？
今早我探首鏡子
猛然發現，原來

我也老了
嗯，我也老了
世事滄桑！

故鄉變了！故鄉病了！而且詩人化身醫生找到了病因，可是詩人無力去治療，根本就是無藥可救。詩人最後「猛然發現，原來／我也老了／嗯，我也老了／世事滄桑！」。言外之意，在說故鄉變了，如同人老了，青春回不來了，早年美麗的故鄉也回不來了！

我們回到現實，談些實際的問題，事關你我大家的故鄉可能正在沉入海底，這比「潮州問題」嚴重多了，就是海島下沉問題。台灣四周沿海岸土地下沉都嚴重，而以中南部下沉最嚴重，沿海村莊都泡在海水中，政客只知鬥爭貪污，無人關心島嶼正在下沉！

回首看看二〇一九年八月三十一日
科學家的警告
有良心的媒體報導了
多數綠媒全都莫言

不敢報導
良心媒體報導一天
次日也被封口了
莫言
大家不知道
代表問題不存在嗎？

到底台灣的科學家
警告了什麼：
就在本世紀末之前
台灣將只剩下中央山脈
頂上一點點
浮在海面
這表示
台灣全島
已全部沉入海底深處
有些地方會更早開始沉沒

嘉南平原
從西部海岸鄉鎮開始淹
逐漸淹到
阿里山脈山腰
大台南地區
沿海鄉鎮早早不見了
高屏也無一倖免
大台北地區
從北投、士林、蘆洲
最先沉沒
丘陵地帶隨後也沉了
桃園當然全部不見
宜蘭冲積扇
從海岸鄉鎮開始淹
很快三星蔥也淹沒
最晚本世紀內
全島都沉沒

只剩中央山脈頂玉山尖尖
在海面上
觀望、嘆息！

可怕啊！可怕！科學家的警告無人關心，本世紀末前，剩下不過幾十年，到時所有台灣人都失去故鄉，失去依存的土地。到了本世紀末，我等老人家也早已不見了，我們何必關心？只是我們依然在世，眼看島嶼沈淪！沈沒！感傷啊！詩頌我們曾經的「故鄉」。

故鄉
一一沉沒了
沉到海底
還是我們的故鄉
只有夢中出現
說給後世孫輩們聽
他們以為是
科幻

然而，那確實是
存在過
大家的故鄉

海底的故鄉
光線少
沒有螢火蟲了
沒關係
有發光的魚
有發電的魚
不缺光
不缺電
這是新的演化論

海底的故鄉
也許
比陸地故鄉更美麗

更熱鬧
有森林花園
生物間
都和平相處
海底眾生不發展核武
當然，偶爾
吵架、打架
難免啊

自從海底新故鄉形成後
大家都覺得
因禍得福
當初要沉沒時
大家害怕
現在慶幸
全島都沉入了海底
表示今後再也沒有

統獨之爭
大家過著幸福美滿的
海底生活

地球從誕生以來，地貌始終不停改變，造山運動從未停過。山脈、沙漠、平原、江河、海洋……都不是恒久不變，而是滄海桑田，無常變化。這種變化是極長時間的漸變化，人不易感受到。

但把時間縮短到數十年之內，看一個小地方（如潮州）的改變，則會給人強烈的撞擊，因為那是曾經居住成長的地方，有深厚的倫理親情的地方。那鄉愁，必將跟隨詩人你我的身心靈，一生一世，鄉愁永不淡去！

假如，本世紀末島嶼確定全部沉入海底。那麼，我們就是最後有「陸地故鄉」的人，故鄉病了還是故鄉，如同母親病了還是母親，曾經擁有就是幸福的！

欣賞兩首農村田園風光

許其正生於農村、長於農村，詩寫農村田園，因而形成他一生創作風格，如陶淵明、王維、孟浩然之「山水田園詩派」。這種風格的形成原因有二：首先是詩人自己成長於田園，純真美麗的基因先進入了詩人的性格意識中，使詩人對農村田園風光，產生了永久性的愛戀。

第二個原因是政治性的，魏晉南北朝到初唐，政治動盪不安，許多文人都想遠離政治影響圈，回歸田園，這是「山水田園詩派」誕生的主要原因。現代社會也一樣，凡有一點真性情的文人，都想要回歸田園，遠離公權力，自由自在的享受創作之樂。

許其正何許人也！是有十足真性情的詩人，他在《盛開的詩花》詩集序說到，這五十年來，一直堅守「田園」，「走自己的路」，耕自己的地，播自己的種，培植自己的作物。他必然要遠離政治圈，回自己的田園。

許其正走出有自己風格的田園風味詩派，我曾有不少論述。在《一定》這本詩集裡，多數作品都可以歸類在田園詩。本文選二首最能代表台灣農村意象的作品，欣賞半個多世紀前，台灣的農村農人生活，都是很真實的詩記。第一首〈他的背影〉。

曚矓裡，是在夢中嗎？
還是在當年的農村鄉間？
只見一輛牛車緩緩前行
車輪還發出軋軋的磨擦聲
上面堆疊著一個痲袋又一個痲袋
鼓鼓的，初看不知是什麼東西
水牛肩著軛，做出辛苦拉車的動作
一名瘦瘦的老人擺動著駕馭的姿勢……

曚矓裡，是在夢中嗎？
還是在當年的農村鄉間？
那牛車緩緩前行
從我前面不遠處經過

好熟悉好熟悉呀
我眼睛一刻不離地直盯著看……
突然心中一閃，哦，對了
我小時候常見的影像突然猛撞了過來
原來那一個麻袋又一個麻袋，鼓著的是稻穀

稻穀，飯食之源
生民不能或缺
是該寶惜之珍物
農夫日日辛苦
以汗水血水灌溉出的結晶
我父親當年背負的我一家的生活

剛從稻田裡載回來的
這不是割稻時節嗎？
他吃力地背著麻袋
背到曬穀埕裡，放下，再回去背

不住來回，和著泥土的汗，淋漓著
腰彎得頭幾乎要碰到地面

好辛苦呀，那老人！
我眼睛一刻不離地直盯著看……
突然心中一閃，哦，對了
我小時候常見的影像突然猛撞了過來
那老人不正是我父親嗎？
他還拖著一隻小時候
被水牛踩斷沒接好的左臂呢
沒錯。雖在矇矓裡
我看得出，如假包換

他是我父親！
他背著一麻袋一麻袋的稻穀，放下，又回去背
一趟又一趟地奔忙於牛車和曬穀埕間
奔忙於生活和日子的擠壓間

好辛苦的我的父親呀！
我忙不迭起身趨前要幫他
不意他卻突然背起一袋袋稻穀
在矇朧裡向前疾走
走向當年的農村鄉間，不再回頭……

唉，我雙眼中滂沱的豪大雨呀……

這是一首寫意之作，也是寫實之作。所謂寫意者，純粹針對已經消失很久的人事印像，靠腦海中的回憶，捕捉意象，重構當年之情境。所謂寫實者，詩中人物事件經過細節，都是那個時代真實發生過，重要的是倫理親情表現的真善美。

這是人子對父親最深刻的懷念，詩的前面幾段，詩人刻意把老人的動作寫的很清楚，而畫面很矇朧，如夢如幻，所以看不清老人。直到最後才確定，「那老人不正是我父親嗎？……他是我父親！／他背著……」。這是為了創造反差效果，使情緒進入高潮，「我雙眼中滂沱的豪大雨呀……」不禁在夢中痛哭！

到了我等之年紀，父母大多早已移民西方極樂國。上一代所處的農業社會，是更為傳統之環境，一切農事操勞、作物運送，幾乎只有牛車和人力。如今我等也老了！思念辛苦的父母把我們養大，感傷啊！先給父親寫一封詩信吧！

啊！父親！
小時候
我們光顧著自己玩
從未體諒到
你是多麼的辛苦
比家裡那隻牛更辛苦
牛只負責拉車
犁田耕地
而父親啊
你除了做牛
也做馬
為撐起一個家
你做一切苦勞

父親啊
我們現在也老了
老到就快
追上你遠行的年齡
回顧此生
我們交流不多
甚至小時候
不曾親過，那年代
你不懂
怎樣親親
只懂得無休止的
做牛做馬
父親，你太辛苦了
如有來世
換我做你父親吧
你定是不同意
不同意也不行

這個父親我當定了
你總該給我
有承擔的機會

這首詩也是傳統農業社會，一般農家農人的工作和生活的重現。尤其到了割稻時節，透過老人的工作身影，顯示了處理稻穀的流程，「他背著一麻袋一麻袋的稻穀，放下，又回去背／一趟又一趟地奔忙於牛車和曬穀埕間」。稻穀成熟後，一大群人開始割稻，用打穀機（人力、腳踩）打下穀子，裝袋後用牛車拉到曬穀埕，人力搬下攤在太陽下，曬穀子。

一個舊時代已經結束了，再也回不來，說給現代孩子們聽，他們也不懂，共同語言沒有了。那個舊時代農村田園原野風光，只在詩人的夢境回來片刻，夢醒又立刻消失。那就讓我們乘「夢想號」列，回到從前看看吧！

夢想號列車
只在睡夢中
經潛意識機制
訂到票

從車窗望出
牛車、水車、溪流
早起的白鷺鷥
牽牛的農人
在動中靜
靜中動
共構一幅
大自然美景圖
陽光無聲無息
在田園裡
散發人間溫暖

一眼看去
都是綠色財富
大家都不會佔為己有
眾生共享

一大片綠原
在這純樸的世界
沒有壞人
唯一的大壞蛋
是時間
瞬間
就把一個
「極純美的詩鄉」
丟得老遠

要回到從前，只能乘「夢想號」列車，只是票不好訂，必須在人進入夢鄉時才好訂，人醒來從前就「回去了」。所以詩人喜歡寫從前、寫舊時代的農村田園風光，就必須經常作夢，有夢才有詩，這是詩人們堅持織夢的原因，有夢最美啊！賞讀另一首〈牛車小詠〉。

牛車在農村行走著
由牛拖拉

牛慢慢地走
牛車跟著慢慢前行
雖慢
但穩！

陽光
風雨
穀物
豐收
農村風光
農人的笑語
疊上去吧
多重都沒關係
牛車無憂無慮地前行
煥發悠然
高舉不急哲學
一幅自由自在！

農村慢慢肥胖起來
農村慢慢健壯起來

慢慢地走
無論路多難走，路多遠
無論載多重
走到農人的家
走到現代
雖慢
還是走到現代

如果要找一個物件，代表半個多世紀前，關係到農村農人工作和農家生計，最有代表性和象徵意義，應該就是牛車。「牛車」者，包含牛和車二者，合起來才合乎想像和實際，牛車意象鮮明，放到現代農業博物館或公園給人參觀，立刻可以喚醒不少老人家的記憶。啊！詩頌牛車時代的消失。

再會吧，牛車

牛和車都再會了
當人們開始用
拖拉庫、耕耘機、小汽車……
不得不將你們
揚棄、拆散
牛，住動物園
每天不用拉車
不操苦勞
專人侍候
每天也有很多小朋友
光臨貴府
向你致敬
你唯一的損失
是失去自由
不能在田園任意奔跑
至於你的愛車
就捐給博物館吧

你就好好在動物園
度過寂寞的歲月
直到生命的黃昏
夕陽西沈

啊，牛車時代
被無情的時間拋得老遠
拋向宇宙邊陲
放在歷史小角落裡
我等老人家
伸手觸摸
只能悼念
一縷薄薄的暮色
那些滄桑
只是一片一片
零落的回憶
牛和車

雖曾在夢中
都只能默默不語
看來都是散去的
煙和霧
當我等也都成為
另一個舊時代
一切終歸虛無

詩人說：「現在我老了，我還是要寫他們，永遠不棄……他們還會引領我回到年輕呢。那是朝氣蓬勃的日子呀！」。我有同感，提筆再把從前寫回來，把舊時代寫回來，回來放在作品裡，這也是老詩人們的未來，誰能說不是？

「時間的大卡車」撞死所有人

老人家們相聚時，都感嘆時間怎麼跑的這麼快！真的是「一甲子，一瞬」。尤其是現在，一週週、一月月、一年年好像也是突然就過了，給人很恐怖的感覺，到底還有幾個明天，或沒有明天，誰也不知道！

有人說時間不能往後（過去的）看，往後看，不只一甲子一瞬，五千年也是一瞬，地球不就是一瞬就五十億歲了；往前看，等公車半小時，就覺得好久好久！

所以「時間」是什麼？誰也說不清楚，只有愛因斯坦說出了真相。他說：「人類所知的時間、空間和物質，都是假相。」這個說法，與佛陀在《金剛經》說的「三千大世界都是因緣和合一時的假相」。二者說法一致，難怪愛因斯坦認為，所有宗教中，只有佛教是科學宗教，因果、因緣，也都是科學解釋。

時間到底是什麼？小老百姓不知道，詩人也不知道，只按自己的感受詩寫。詩人都有以時間為主題或內涵的作品，《一定》詩集有很多過往時間的小品，有幾首很有特色，如這首〈車禍顯影〉。

那天
在一個路口
我目擊了一場車禍：
一個人和一輛大卡車
碰的一聲，猛然相撞

好些人停步觀看
只見，那人抽搐了幾下
死了
那大卡車竟沒停一下
繼續前進

觀看的人很是不平
可是那大卡車仍沒停一下
繼續前進，令人目瞪口呆：

那大卡車
唉，時間的大卡車……

構思、佈局都是很有創意的作品，初看以為是真實的一場車禍，到了最後一行，「那大卡車／唉，時間的大卡車……」。真相大白，給人很大的反差衝擊。時間比喻成一部撞死人不須負責的大卡車，極有創意。啊！時間，我們詩頌你！怕你！尊敬你！

啊！時間
你是無情的殺手
眾生都死在你手裡
你不放過任何人
病死、殺死
撞死、不得不死
無論怎麼死
死多少！

你一律不聞不問
頭也不回
死了就死了
你自顧前行

啊！時間
你是什麼？
撞死人可以不負責
法官不敢定你罪
他要是定你罪
你必先奪他小命
啊，偉大的時間
我們怕你
尊敬你
就是我們這票
當詩人的
也只敢寫詩頌揚你

贊美你

但我等老人家
有一事求你
不求你不撞人
只求你
走慢一點
我等老人家們
心臟都不好
你走得那麼快
老人們
還沒被你撞死
已先被你嚇死
求求你，時間
拜託了
走慢一點

是的，走慢一點。網路上流傳著許多老人保養之道，就是凡事慢一點，起牀慢一點、用餐喝水慢一點、走路不急、做任何事都慢一點。也許，凡事慢一點，真的可以使時間走得慢一點。另一首〈失落〉。

懷著一腔對童年景象的美好記憶
我欣喜不置，迢迢回來
卻發現那些美好的記憶
已經失落不見了

失落到哪裡去了？
別說那些長輩的身影
連那些童伴也已杳然
至於那些情感更是無尋處了

失落到哪裡去了？
別說那些豬隻雞鴨貓狗
連那些亭亭綠樹也已杳然

至於那些茅屋瓦房更是無尋處了

失落到哪裡去了？

一剎時，連我對童年景象的美好記憶

一剎時，連我欣喜不置的一腔熱望

也突然失落不見了

何處可以搜尋得到呢？

到圖書館裡嗎？

到電腦網路裡嗎？

那些複雜的東西有多少真情意？

人過了八十歲以後，上一代父母叔伯姨舅等長輩，大約是全走光了，就是自己的同輩也已經有不少是先行者。這是多麼傷情的事，沒有到七老八十的年紀，都難以感受到這種情境。

七老八十是一個逐漸「失落」的年紀，上一代長者、童年玩伴，乃至那些老家的茅屋瓦房、雞鴨猪狗、美好記憶等，都會一一失落不見了，最後失落的是自己。總之，人生就是一種擁有到失落的過程，一切擁有，必會失落，這是自然法則。

由於父母的愛
我誕生了
擁有生命和身體
擁有成長之樂
童年時
擁有愛和玩具
也擁有很多玩伴

成長也是一種擁有
越來越多
擁有一個女朋友
成家立業
是浪漫的擁有
擁有自己的家

有孩子
追求更多的擁有
五子登科
金銀財寶
房產、地產、股票、美金
啊！美元霸權快垮了
改換擁有人民幣吧
該擁有都擁有時
發現年紀已過六十幾
而且，顯然
身體出了問題
不得不暫停
追逐
更多的擁有

讓人感到意外的是
失落來的太快

也不事先通知一聲
曾經擁有的
一一不告而別
可痛的是
那些曾經擁有的銀子
快速進了
醫院醫生的口袋
其他失落的速度
遠大於當初的擁有
不出幾年
竟已兩袖清風
幸運的是
童年時代的明月
尚能擁有
現在尚未失落的是
一個考朽的身軀

還有一顆
可以做夢的心
至於何時
失落到歸零
就一切都交由
老天爺
只有他老人家
有權力處理本案

老朋友的聚會八卦聊中，有時會聊到「希望能活到幾歲」，有人說八十可以，有人說九十才好。輪到我表達時，我常說，身為佛教徒不做這種設定，按個人因緣果報「隨業流轉」，不論在幾歲、以任何原因離開這個世界，都是個人的「天命」。賞讀另一首〈流水〉。

或快或慢，流水
總是不停向前流動
它無視於任何阻擋

儘管彎彎繞繞
遲早，它終究會
流到終點站
它的終點站是大海

人生也像流水
或快或慢
它總是不停地向前流動
無視於任何阻擋
儘管彎彎繞繞
遲早，它終究會
流到終點站
它的終點站是死亡

只是誰都不知道
那是苦海？
還是天堂？

「或快或慢，流水／總是不停地向前流動」，所以流水等於時間流逝。孔子在橋上看流水時說：「逝者如斯，不分晝夜！」。人生確實如流水，遲早流到終點站，水的終點站是大海，人生的終點站是什麼？

人的終點站，到底是「死亡」或「往生」？所謂「終點站」是否存在？按不同宗教信仰有不同的理論解釋。「苦海」或「天堂」，也因宗教不同而有不同論述，這些說來話長，趣者可自行找專書看。此處，我們詩頌人生如流水！人是一條河流！

我是一條河流
我們都是
有大有小、有快有慢
流淌著
從前世流過來
童年瞬間流過
快樂的身影
早已

如夢如幻

孤獨流淌的河流
不分晝夜
帶走了年月
一去不返
流走的光陰都
回不來了

回不來的水
去了那裡
是流向來世
或回到從前
水依然靜靜的流
泛著黃昏波光
我知道遲早會到終點站
說死亡太傷情
叫往生好了

現在參加告別式的機會，早已大大超過參加兒女婚宴的機會，朋友之間都有好習慣，不論宗教信仰，都說某人「往生」，而不說「死亡」。「一路好走」四字，現在只能對往生者說，不能對任何活人說，這或許已成一種慣例吧！另一首〈伸腰〉。

從一九三九年而來
跋涉千山萬水
一腳高一腳低地
一腳高一腳低地
終於感知
葉子褐黃了
動不動就發出喘氣聲

一棵老樹
像誰在伸腰
強力地撐持著肢體

枝幹向上向外伸展而出
要伸展向何處？
無盡寬廣的前程嗎？
還聽得見神靈的召喚嗎？

是有風霜雨雪沒錯
視覺是有些茫茫沒錯
可是我仍能辨識方向，確認目標
頻頻伸腰
嬰啼便接續碰出，說：
沒有盡頭・繼續前進！

〈伸腰〉和〈失落〉，都在運用比喻或暗示，時間快速流逝，出生到老好像一瞬間。這一切的禍首元兇，就是那輛「時間的大卡車」，「撞」出來的結果，任誰也避不開這輛可怕的「大卡車」。

「從一九三九年而來……終於感知／葉子褐黃了／動不動就發出喘氣聲」。真是太快了，現在像「一棵老樹」，幸好還能辨識方向，確認目標，表示還能織夢創作，沒有盡頭，繼續前進！頌詩加油！

加油，繼續前進
前進，再前進
沒有盡頭
不追日
不追月
只追著自己手上的筆
筆向前行
找尋另一片
未曾被發現的
桃花源

一座桃花源
曾在夢中出現過
它是存在的
我能辨識方向

確認目標
只要繼續前行
一定
就一定
可以找到它
把它寫入詩集中

不管多大的年紀，我們都只能繼續前進，向前行是我們唯一可行的方向，不能後退，不能說只走到明天。因此，向前看，確實看不到盡頭，我等老人家們，就勇敢向前行吧！別管那討人厭的「時間大卡車」了！

〈唱歌給誰聽〉，聽大自然講經說法

大自然在唱歌、說話、對你開示，或大自然也會抱怨、訴苦、警示。不分古代與現代，不分年月日，不分日夜，每分每秒，大自然都在表述它的心聲，關鍵在你有沒有靜心在聽，或有沒有聽懂；或者，你根本也沒有智慧和悟力，你就根本無法與大自然有交流。

你早晨起牀，窗外有鳥兒歌唱，你聽到了嗎？你上班出門，看到藍天白雲，它說了什麼？經過一片小森林，那些樹正忙著工作，你看到了嗎？你走近樹下靜聽，那些樹正在交談：

各位大樹小樹們
我是樹班長
目前人類和所有動物
都面臨氧氣不足的困境

我們得加班
增加氧氣產量
我們四周的
花花草草
也投入生產行列
生產清新的氧氣
大家努力工作
也算普度眾生
救人一命
勝造七級佛塔

附近的森林、行道、草花等
都有回應説
同意增產氧氣
挽救人類
尤其現在人類爆發疫情
許多人缺氧而死

我們得加緊生產
要命的氧
但眾樹花草們
異口同聲說：
也要警示人類
尊重大自然
不要光會砍樹
消滅森林
樹砍光了
沒了氧氣
人要怎麼活下去？

大自然的歌聲說法，在佛教稱「無情說法」，大自然（山河大地、花草樹木、蟲魚鳥獸、日月星辰等自然存在之物），不斷在講經說法，表述某種理念。只是絕大多數人，無心聽，或根本沒有聽懂的智慧和悟力。

許其正何許人？他生於農村田園，成長於農村田園，他和大自然根本就是「一家親」，每天與自然一起生活的「自然人」。聽自然之歌，對許其正而言，真是再自然不過了，賞讀這首〈唱歌給誰聽〉。

蟋蟀在盡情地唱歌
螻蛄在盡情地唱歌
蟬兒在盡情地唱歌
草蜈阿公在盡情地唱歌
金鈴子在盡情地唱歌
還有許多昆蟲在盡情地唱歌

烏鶖在盡情地唱歌
斑鴿在盡情地唱歌
白翎鷥在盡情地唱歌
半天鳥在盡情地唱歌
綠繡眼在盡情地唱歌
還有許多鳥隻在盡情地唱歌

啊，好多歌曲飛揚著

在我的故鄉飛揚著
在我的童年飛揚著
啊，好好聽呀
是合唱？
是輪唱？
是交響？

他們盡情地唱歌
他們盡情地唱歌
唱給誰聽呢？
唱給誰聽呢？

嗯，大地在聚精會神地聽！
嗯，白雲在聚精會神地聽！
嗯，稻子在聚精會神地聽！
嗯，甘蔗在聚精會神地聽！
嗯，綠草在聚精會神地聽！

嗯，還有我
不會漏了我的
還有我在聚精會神地聽！
在我的故鄉
在我的童年

「在我的故鄉／在我的童年」。基本上，詩人在回憶童年時代，故鄉的自然美景，讓童年時代常見的動物進入詩境，表述人與其他動物共享大自然的田園風光。詩用了很多重複句，是一種強調作用，使印象更深刻！

現在詩人老了，而那種童年景像也變樣了，大自然依然在，只是顏色改。但我相信老詩人一顆純淨的心，一顆能欣賞自然並與自然交流的心，依舊是在的。不論古今時地，也不論年紀，我們都詩贊大自然。

白雲啊
你天生自在
如觀自在
你自在說法

隨緣講經
你向眾生開示了什麼？
很多人聽不懂
但我懂
你講因緣法
自在來去
緣起則聚
緣散則滅

大地啊
你天生最有責任感
能承擔
承擔一切
不論好壞美醜輕重
你全都不計較
你以身說法
說了什麼？

很多人都不知道
但我知道
你開示
無分別心
無人我之分
無敵我之別
一切都歸屬於大地

蟋蟀、蟬兒……斑鴿、半天鳥……稻子、甘蔗等一切的存在，對詩人都是有意義的、有啟示性的，這就是詩人和一般人不一樣的地方。不論古今中外，要當好一個詩人，先要有一顆敏銳的童心，才能和自然景物有心靈上的交流，自然就聽懂大自然在講經說法。

中國詩歌文學特別重視「真」。明朝李卓吾就有以童為真的「童心說」，言「天下之至文，未有不出於童心焉者也。」亦即立童心存真心，為文學創作之本。這種「童心、真心」的特質，我在他的每一首詩都可以感受得到，所以他的詩散發一種能量。

〈煮夏〉煮一鍋熱騰騰的詩

由於地球暖化的關係，世界各地氣溫越來越高，甚至快要不適人居。這種情形很可怕，如果氣溫不斷上升，各種災難都會臨頭，人類要住那裡？只有住進入地洞了！

台灣當然也受暖化影響，冬天不冷，而夏天熱死人，對於四季創作不斷的詩人而言，也有影響。產出的詩都帶著熱氣，詩氣熱騰騰的。賞讀〈煮夏〉。

火在鍋底燃燒
他舉著大勺子
猛攪鍋裡的文字
是浸在湯湯水水裡的

攪呀攪，攪呀攪

他早已冒汗了
而且汗濕，汗流浹背
鍋裡的文字沸騰著
也是早已冒汗
也是汗濕，汗流浹背

喔，熱呀，熱呀
難怪，是仲夏之午嘛
他有些受不了了
喘著大氣
鍋裡的文字也受不了了
也喘著大氣
同步的

幸好這時文字熟了
啊，起鍋了
文字冒著汗

汗濕了，還汗流浹背
他也冒著汗
汗濕了，汗流浹背

起底呀
文字成了詩
他也成了詩
都冒著汗
汗濕了，還汗流浹背呢

嗯，詩花綻放
嗯，詩香滿空

這是一首構思極富想像力的作品，把夏天寫詩的情境，想像有如在大熱天煮一鍋好料，詩人揮動手上的大勺子（筆），「猛攪鍋裡的文字……鍋裡的文字也受不了了／也喘著大氣」。想像力飛揚，詩語言趣味十足，贊美詩人的想像力！

你的想像力
回到了童年
自由自在的飛翔
長了翅膀的思維
如一朵雲
任意飄
飄向天空、大海
與萬物接心

你的想像力
無所不能
點石成金
又能把一鍋湯湯水水
煮成一鍋詩
時空和年齡
都不能限制你那
奔放的想像力

「煮夏」當然也在形容現在夏天的熱。全詩三十行，有十行是「冒著汗、汗濕了、汗流浹背」，其他各行也是熱的「喘著大氣」，「鍋裡的文字沸騰著」。這是形容天氣爆熱的極限了，人受環境影響，因此四季產出的作品，味道不同，夏詩大約如是：

太陽的熱度
收入詩裡
蟬音在詩裡增溫
讓一首詩
熱血沸騰
天空跟著蔚藍
白雲和陽光
爭搶詩人的身影
幸好
詩人不怕熱
越是熱

越快越能把一首詩
煮得熟透
看來太陽公公
真要向詩人
投降了

〈煮夏〉一詩也有一些弦外之音，「都冒著汗／汗濕了，還汗流浹背呢／嗯，詩花綻放／嗯，詩香滿空」。暗示詩人創作必經一個辛苦的過程，最後才有美好的成果可收穫，甚至寫詩就是一件「苦」差事。

我們中國唐朝盛行一種「苦思」詩風，例如李白說：「借問別來太瘦生，總為從前作詩苦。」杜甫說：「語不驚人死不休」，作詩苦吟苦思形成當時的風氣。

古今詩人為創作好詩，不得不提筆在「文字大海」中攪動，找出最適合的字詞。就像這首詩，「火在鍋底燃燒／他舉著大勺子／猛攪鍋裡的文字」，能不辛苦嗎？這不也是一種苦思！所以當詩人，不容易啊！要耐得住孤獨寂寞，耐得住苦差事！禮贊詩人。

啊，詩人
你天生是苦行僧

走著寂寞的路
過著孤獨的日子
好淨化身心靈
淨化一首詩
每個字都是乾淨的
詩人之路
千山獨行啊

啊，詩人
你是創造者
你創造自己的詩國天地
在你的國裡
有自己的文化
自己的風格
自己的品牌
你建構自己詩國的
典章制度
在你的國

你雖稱孤道寡
卻是國王
你是自己詩國的
朕

啊，詩人
你也是革命者
文字是你革命的對象
你不斷組織或重建
一群文字
成為經典
而後
接續著，推翻、再推翻
顛覆，又顛覆
最終完成革命
建立了自己詩國的
春秋大業

積極正面的價值：〈奮飛〉與〈高飛〉

在《一定》詩集裡，看不到灰色、頹廢、消極等，屬於負面情緒的作品，在詩人其他作品也沒有。能讀到的，感受到的，都是很陽光、奮發和積極的正面價值，給人很大的鼓舞作用。

人生路上難免諸多艱困，詩人之路不好走，何況詩人總是「再孤獨也無所謂／自己一個人走自己的路」。在他的作品中，沒有苟安旦夕、半途而廢等不振之意涵，有的都是向上奮飛、高飛，叫人振奮，鼓動人心的正面價值。對八十多歲的老詩人言，真是可敬，可佩啊！賞讀一首〈奮飛〉。

展雄鷹之姿，音速之姿
甚至　超雄鷹　超音速
之姿
奮飛

向前

曾經風風雨雨
闖越千山萬水
即使前程
再迷茫，再艱困
還是愈挫愈勇
奮飛
不變
不因羽翼濕透沉重
不因黃昏暮色深深
而奢言放棄

奮飛
向前
讓意志昂揚領航
飛向陽光亮麗處

飛向夢想
飛向彩虹
尋求永恆的和平所在

以奮飛的雄鷹為比喻，亦明寫雄鷹，實為表達詩人一路走來，所堅持的陽光和積極信念，不因任何挫折而動搖，也不半途而廢。「奮飛／向前／讓意志昂揚領航／飛向陽光亮麗處／飛向夢想……」。八十多歲仍有夢想，不容易啊！詩頌奮飛！詩頌夢想！

奮飛
飛向夢想
別以為老夫八十幾了
就是一百
還是
還是奮飛
飛向夢想
飛向詩的理想國

詩國尋夢
不亦樂乎
在文字叢林裡
找尋斑蝶
或在文字花園
直接入夢
夢蝶、化蝶
醒來後
一群文字
如天上繁星
紛紛掉落
在詩裡
組成一本詩集
這是夢想的實現

夢想

沒有終點站
一個夢想完成
仍有夢想
再奮飛
再向前
看啊！就在不遠的前方
就是所要的夢想

是啊！不論何年何月何日！也不論你是七老八十幾的老人家，我們就一意向前，奮飛！追尋我們的夢想，明天寫一首詩，或約老友出來喝咖啡聊是非，也是夢想。賞讀一首〈高飛〉。

那隻鳥向天空高飛
越飛越高，越飛越遠
幾近我視力之所能及
牠要飛到哪裡呢？

天空高不可攀
太陽、月亮、星星和彩虹
同樣高不可攀
但那隻鳥卻堅決地
向天空高飛，要去追尋

我那時只是一個小孩童
眼看著牠高飛
卻無能為力
只好用我的雙腳來走
一步一步向前

那時我真想我是一隻鳥
有一雙堅硬的翅膀
能展翅高飛，像那隻鳥
越飛越高，越飛越遠
去追尋

我用我的雙腳走，一路走過
崎嶇不平的路，走過漫長的歲月
雙腳泥濘，受傷流血
全身是汗，是濕
是歲月對我製造的創傷

我一心向前
雙眼盯著前方光明處
不管路多崎嶇不平
不管能否追尋到
太陽、月亮、星星和彩虹？

幾乎每一個人童年曾經有的經驗，不論城鄉，孩童一定看過鳥在空中飛，或近或遠，孩子有什麼感覺？我想，絕大多數孩子不會有什麼異樣感覺，頂多有瞬間疑惑，因為鳥在空中飛是習以為常的事。就像古今許多人看蘋果從樹上掉下來，都不會有什麼反應，只有一個牛頓有夠「牛」，他非要找出原因不可！

詩人的牛不亞於牛頓，就憑他一輩子「堅持走自己的路」，八十幾了還追尋「高飛」，這「牛」的程度就超過牛頓。從他小時候就有這種不凡的特質展現，「我那時只是一個小孩童……能展翅高飛，像那隻鳥……不管路多崎嶇不平／不管能否追尋到／太陽、月亮、星星和彩虹？」。一個童年的啟示，就堅定一輩子的高飛、追尋，永不放棄。詩頌高飛！詩頌追尋！

我要高飛
給我一雙堅硬的翅膀
不給我
我自己長翅膀
為高飛
追尋
擁抱太陽
親親月亮
或摘一朵星星
撈一彎彩虹
用來織夢

我要高飛
追尋
擁抱藍空
摘一片雲
煮雲
成一首詩
進而創建一個詩國
編入詩集
區分成
天空一輯
大海一輯
陽光一輯

如何形容一個真正的詩人？尤其像許其正這樣的詩人，說苦行僧、創造者、夢想家，大概都可以。苦行僧堅持走自己的路，多苦多孤獨也不怕；創造者是創作一座文學詩歌大花園，且創新再創新；夢想家是永遠有追夢的信念，不受年齡限制，只要一口氣在，他便要追夢、追尋，像一隻鳥，用他手上的筆，高飛！奮飛！再一首也是起飛。〈起飛吧！千羽茄苳：在那瑪夏民權國小與茄苳樹起誓〉：

不自我設限，兀自當山底之蛙
起飛吧！千羽茄苳
從你的枝椏，你的綠葉
長出翅膀
引領身心高飛

根，深入泥土，吸取養分
粗壯你的肢體
繁茂你的綠葉
成為無可匹敵的巨擘
然後向上起飛

讓小林村復活

讓那瑪夏成長
四圍的山脈也會一起
成長、壯大、起飛
包括整個台灣，整個世界

你來引領
我們大家一起來出力
咿呀嘿，一起來出力
共同追求光明
創建美好前程

「小林村事件」太讓人痛心了，為什麼一座山好好的崩山了？到底是人為或自然災害？恐怕永遠沒了答案。但颱風又加山崩，導致小林村滅村，死了幾百人，也實在是蒼天不仁，用一首詩祭小林村吧！

人們的厚奠
早已化成了灰燼

村子裡
風聲依舊
陽光也還是仁慈
左右二山
現在情緒穩定
讓人放心很多
白色梅花盛開
當成獻禮

多少年了
親人仍有
揮之不去的惡夢
好害怕
害怕那兩座山
又走向小林村
我們只能祈禱
祈禱山

不要亂走
人們可以過幾天安心的日子
願逝者安息

高雄市那瑪夏區民權國小，八八風災時被自然力量摧毀。經台達電文教基金會認捐一億五千萬元，精心設計重建，據聞現在是全台最美麗的小學，而且成為著名觀光區，吸引不少人來參觀。

詩人生長在高屏地區，可能和民權國小有些淵源，才會和這校園的茄苳樹起誓。這首詩的核心意涵，以茄苳樹的向上成長、向下深根，為比喻鼓舞人心，「從你的枝椏，你的綠葉／長出翅膀／引領身心高飛」。與樹「起誓」，暗示詩人向上高飛、向前行進的堅定信念，詩頌詩人與樹的誓言。

我們信誓旦旦
詩的誓言
不限何年何月何日生
無懼何年何月何日死
我們起誓

如詩之真
之美、之善

我們的誓言
不會如曇花
也不會是夜裡的螢火蟲
忽有忽無
忽明忽暗
我們的誓言
與山河大地同在
如日月之恆

我們誓言
從枝椏長出翅膀
詩人本來就有翅膀
我們一起
起誓、起飛

高飛
能飛多高就飛多高
能飛多遠就飛多遠
飛高、走遠

「起飛吧！千羽茄苳」，意象就很鮮活，高大的茄苳樹，綠葉繁茂，好像有成千上萬支羽毛在風中飛揚，感覺很舒爽鼓舞，正好和詩人性情一致。眾生都「物以類聚」，二者（人和樹）一見如故，才能共同起誓，要一起壯大、起飛，共同追求光明！

解放吧！找尋現世桃花源

我們中國幾千年歷史發展過程中，有一個很明顯的「潛規則」。當天下可為時，儒家興盛，按儒家思想的「修身、齊家、治國、平天下」是中國文化思想主流，也是一般文人（含詩人、作家等）的主流思想。所以文人乘天下可為，出而為國家、社會、人民服務，這是學而優則仕的人生出路，文人也可以實現自己的人生理想。

但當天下不可為，社會動盪不安，政治腐敗黑暗時，則道家思想興盛。文人雅士設法遠離腐敗黑暗的政治圈，選擇退隱山林，回歸田園，如魏晉南北朝時期，這種情形很普遍，造就如竹林七賢、田園山水詩派的盛行。他們找尋一個自己的世外桃源，為後世留下很多自然純潔的詩章。

許其正數十年堅守「田園」，創作很多農村田園風格作品。這種詩風的形成，除了他生長背景、個人性情的影響外，我以為無法容忍台灣社會的「末世現象」有關。近二十多年，台獨偽政權操弄「去中國化」，使台灣社會出現如宋末、元末、明末、清末之末世動亂，勇於在詩集《盛開的詩花》作者簡介中記上「中國當代傑出詩人」，對台灣的末世之亂自然是不能容忍，身為詩人只好遠離腐敗黑暗的末世社會，解放自己，找尋自己的世外桃源。

因此，我看到許其正的詩作，充滿著極盡追尋心靈解放的意象，追尋自己詩國的桃花源。「多寫鄉土、田園、大自然，歌頌人生的光明面，勉人奮發向上」。這是詩人的心靈解放，詩人的桃花源。賞讀一首〈乘風飛去吧，風箏〉。

乘風飛去吧，風箏
飛到更遠的地方
飛到更廣闊的天地
是歐洲？是美洲？是大洋洲……
是山？是河？是平原……
都可以不管
只要活得快樂
掙脫束縛，向無限飛去
有多少風雨都不必計較

即使再苦、再難
即使前程渺茫不可測
都值得去冒險
外面的世界是海闊天空的
那裡有許多寶藏任你挖，任你取

不要太顧及兒女私情
任何人都需要斷奶的
即使成了斷線的風箏
又如何？
只要記得有那麼一個故鄉
別的不去和他太多牽纏
前方的光明最是重要

以放風箏的表象為比喻，表現詩人內心真正的意念。第一段鼓舞，「飛到更遠的地方／飛到更廣闊的天地……只要活得快樂」。這裡已暗示人生要盡可能解放自己，追尋所要，並明示人生只要活得快樂。

第二段鼓動「掙脫束縛，向無限飛去……那裡有許多寶藏任你挖，任你取」。人生有很多束縛，必須掙脫才得以解放，海闊天空、自由自在，就是人生所要找尋的「寶藏」。

第三段提示「不要太顧及兒女私情」，兒女私情就是束縛，必須掙脫，就算成了「斷線風箏」也無所謂。幸好，雖「斷線」了，還記得有個故鄉，風箏沒有「忘本」。詩頌詩人掙脫束縛！詩頌人生大解放！

我們都是風箏
一隻隻風箏
無論怎麼飛
總有一條
甚至很多條
線的牽纏
這些線
有財富線
名利線
權力大位線

有顏色代表線
以及
兒女私情線
這些線
合成一條很粗
難以斬斷的線

一定要設法斬斷
才能解放
「有多少風雨都不必計較
即使再苦，再難」
都不怕
都值得
就是要解放

要解放
要大解放

掙脫所有束縛
那些線
牽纏的線
都掙脫
掙不脫的
斬斷
財富，棄之如破鞋
啊，留下飯錢
詩人也要吃飯

名利
沉之於江河之底
誘人的大位
我不為所動
棄之於
太平洋深淵
而那強大的權力

早已被詩人放逐
放逐成一陣
過耳秋風
「掙脱束縛
向無限飛去」

那些名利、財富、權力、位置，俱被詩人解放後，重新再被詩人消化，並產生質變，成為一首首美麗的詩歌。意境的高度是詩人的大位，獨有的田園風格正是詩人的財富，未來的中國文學史（含台灣文學），田園詩派的「許其正品牌」，會有一定的評價，詩人的財富是穿透時空，屬於歷史和「詩史」。賞讀一首〈喜歡〉。

喜歡那片寬廣的牧場
那片寬廣的牧場
每天磁吸著我前來
看到那一片青青的牧草

吹著那一陣陣不羈的風
和那些蹦蹦跳跳的小人物
玩那些玩不完的遊戲
可以不上學，甚至不吃飯
啊，什麼都可以不要

可以毫無顧忌地開懷大笑
可以翻滾在那綠毯似的草坪上
可以在那爛泥裡捉青蛙，抓魚……
可以鬥蟋蟀，摔角，賽跑……
而牛兒自己前來，自己吃草，自己回去

啊，放鬆呀！任心情去馳騁呀！
沒有誰人來干擾
再沒有比這更自由自在更合心意了
天下有什麼比這更好？

起初或許是被迫前來的
後續卻是自願的
而且是整天巴望著的
恨不得每時每刻都在那裡

嗯，就是喜歡那片牧場
就是喜歡那樣的日子！
請問可以回去嗎？

現代人要追尋一個完全自由自在的生活，實際上幾乎是不可能的任務，因為「政治是管理眾人之事」，人活在各種權利（力）和義務關係的撵纏之中，很難達到所謂「解放」，最多只能達到相當程度的「精神解放」，得到心靈上的自由。

也許真正的解放，只有童年時代無憂無慮、自由自在的日子，可以算身心都解放。可以毫無顧忌，可以不上學，可以……什麼都可以，在廣闊的牧場上打滾。「就是喜歡那樣的日子／請問可以回去嗎？」

八十多歲的老詩人，難忘童年「解放的日子」，那是回不去了。但這詩的意涵，表示詩人就是喜歡自由自在的生活，身體雖得不到解放，心靈仍追尋解放，得到精神上最大的自由自在，詩頌之。

就是喜歡這樣的日子
現在的我
依然喜歡那座牧場
儘管只是一座
夢境
就讓它
載浮載沉
不論沉多深
都不怕
只自由自在的
咀嚼孤獨
在熱鬧的詩句中
享受寂寞

我喜歡
在青青草地上打滾
躺在草地上
微光照映
感覺涼爽溫柔
感恩大地老母
給我一座奔放的夢境
讓我在那青青草地上
進入夢鄉

那一大片寬廣的牧場
青蛙、蟋蟀和陽光
享受共生之樂
小牛和河流共度
午後時光
遠處的樹林
彰顯巨大的綠色財富

河邊繁花似錦
彩蝶翩飛
開展現代派畫風
斑斕精美
天造地設的美
牠們追尋的正是一座
現世桃花源

還有小朋友
他們遊戲、奔跑
大玩特玩
玩到牛也不想吃草了
牛也想回家了
大家才一起回家
要喚回這現世桃花源

就用詩筆
在一首詩中
或詩集裡
重建那座寬廣的牧場
再現桃花園吧

我相信，每個人的童年都是快樂的，無憂無慮的（除了少數特別原因）。因此，童年生活應該是人生最自由自在的時光，最接近「解放」的片刻，以後的種種「束縛」，只會增加，不會減少。

隨著年紀越來越大，回憶越來越多，童年時代那座「快樂的桃花源」，成為最美的夢境。在這五光十色的二十一世紀，何處能有「世外桃源」？大約只在詩裡、書中，或心靈精神之中，賞讀〈悅讀，在竹林裡〉。

悅讀，在竹林裡
傍著七賢和淵明
竹葉飄落如雨
鳥鳴飄落如雨

世事飄落如雨

隱隱發現
書裡彷佛有光
稱奇不已
勇敢地走進去
走進書裡

循著光走
走過千山萬水
不知疲累與艱困
不理紛至沓來的譏嘲
探向茫茫不知處

任竹葉飄落
任鳥鳴飄落
任世事飄落

任時光飄落
任青春飄落

竟然那現那裡
有許多花綻放
有許多詩綻放

啊，別是一個天地
現世的一個世外桃源

嗜賞繽紛的眾花
嗜賞繽紛的眾詩
嗜聞花香與詩香
以致沉迷
以致流連忘返……

這是想像之作，想像自己進到一片竹林，「竹林七賢」（嵇康、阮籍、山濤、向秀、阮咸、王戎、劉伶）和陶淵明等人，也都在竹林裡。進到這竹林裡「稱奇不已」，發現了「現世的一個世外桃源」。

這世外桃源在那裡？又如何進到這片竹林？原來「勇敢地走進去／走進書裡//循著光走／走過千山萬水……」。原來詩人所追尋的現世桃花源，始終存在他的心中，在他所寫的詩裡。

有一座桃花源
它的入口
從打開一本書
翻動第一頁
就進去了
再翻一頁、再翻
進到一片竹林
有人唱歌
有人吟詩
啊，都是同道
上前打個招呼
大家好

七賢、淵明
一一作禮

再向前閒逛
「循著光走
走過千山萬水」
「任竹葉飄落
任鳥鳴飄落
任世事飄落
任時光飄落
任青春飄落」
任時空穿透
到底是到了何年何月？

閱讀、悅讀，這是讀書之樂，詩人不追求黃金屋、顏如玉，而是追求一本書中的「現世桃花源」。也仍有強烈的暗示，詩人要遠離政治社會的污濁和動亂，追尋自己的寧靜世界，找尋現世的世外桃園。

我想說的是，這幾十年來，詩人心中始終存在一個清淨的桃花源，他的作品就是在寫這個美麗的世外桃源，詩人並不外求，而是向內心探尋。

永不放棄的追尋

追尋、追逐生命中的所需所要，應該就是一切生物本能俱備的動力。例如森林最底層的小草，會自動追逐陽光，向有陽光的方向生長，其他生物大體亦如是，都會追尋自己所需所要。

人類是所有動物們中，智商最高也最複雜的物種。所以，人類的所需所要很複雜，若要細述，可以說地球上七十多億人口（到二〇二二年十一月滿八十億），每個人都不一樣，一花一世界，雙胞胎也有很大差異。

也可以極簡論述之，例如政客所需所要，就是透過權力搞錢力，玩弄人民。商人所需所要，就是追逐利潤財富，不斷積累銀子成首富。農人所需所要，有一塊好田地可以耕耘，種出農作物，養活一家老小並供給世人……我相信，各行各業都有不同的所需所要，每個人就得要不斷追尋，永不放棄的追尋，差別只有不同程度的追尋，有很強烈，有很和緩！

詩人的追尋自然是不一樣，追尋更好的作品，追尋心中最美的「田園」，追尋一座現世的世外桃園，許多詩人都有這樣的想法。但說要堅持一輩子，到老仍不改其志，堅持其強烈的信念，詩壇上大概就只有許其正了。再賞讀幾首這樣的作品，〈追尋〉。

追尋——
向遙遠的地方
向茫茫的未知

熱血沸騰地
氣喘吁吁地
信心滿滿地

踩過山
踩過水
踩過荊棘

從幼小開始

而青年、壯年、中年、老年
追尋向

追尋一個夢
追尋一個家
追尋成功

這是簡短、詩化的「許其正傳」，從小到老的追尋過程。那到底他追尋什麼？或他一輩子追尋的「所需所要」是什麼？詩說了「追尋一個夢／追尋一個家／追尋成功」。相信他所追所尋都有了！成功了！但他仍不停的追尋，人生是一場追逐戰，追尋各種不同的夢，詩頌之。

生命一落地
註定要追尋
因為
這世界
有很多魑魅魍魎

牛鬼蛇神等
在你後面
追逐你
你不能停
用你兩足
向前行
向前追逐
追尋你的夢
追尋你的成功

就是要追尋
遠離那些魑魅魍魎
掙脱那些牛鬼蛇神
討厭的紅塵亂局
也不碰不理
堅持追尋美美的田園
追尋一個

詩的理想國

我以筆為犁
耕者有其田
我的田
是我追尋到的一座
世外桃源
我投入
我的時間和空間
深耕這座
如夢如幻的田園
以筆代犁
每年收穫的詩歌文學
裝滿幾牛車
這就是我的追尋
現在雖老了
我的筆依然健在

健如一頭牛
所以我仍不止息
追尋
再追尋

可敬啊！老友、老詩人。「鄉間田園的日子我永遠緊抱住，即使在夢中，他們也常來找我，引我同歡。」「現在我老了，我還是要寫他們，永遠不棄。」「還是要走下去」。這是八十三歲的許其正，堅定的意志，始終如一的航向，持續航行中。賞讀〈度過〉。

長途跋涉而來
爬到這裡
土質變鬆軟了
人也已塗上了黃昏色彩
並且疲憊不堪，搖搖欲墜
但不能放棄

底下雖是萬丈深淵
還是要戮力前往
那是個命定非去不可的地方！

前程雖茫茫不可測
他卻堅持著
一步步，踩穩腳
小心翼翼，爬上去
冀能度過凶險
繼續向前
雖千難萬苦，吾往矣！

堅毅強忍
可以履險如夷
再多再大的凶險
都不怕
都要度過

這首詩可以看成詩人給自己的加油打氣詩，給自己的鼓舞、期許。「長途跋涉而來／爬到這裡」，這個「爬」字表示人生前面過去的幾十年很艱辛，很不容易才爬到這裡。「這裡」，指的是詩人八十三歲的現況，「還是要戮力前往／那是個命定非去不可的地方！」

「非去不可的地方」是那裡？當然就是人生的「終站」，那是眾生命定非去不可的地方。但眼前不能怕，仍要穩步向前，「都不怕／都要度過」。是啊！面對這生死關，眾生都要度過，不要害怕！詩頌之。

命運之神
就在不遠的前方
看著每一個人
而此時
祂的眼神
死死的盯著你
不怕
就當前面有光

還是前行
「一步步，踩穩腳
小心翼翼，爬上去」
「再多再大的凶險
都不怕
都要度過」

可以休息片刻
再前行
看著不遠的前方
別理命運之神
不理祂
祂便不找你
你所看到的前面
是一個夢境
有光
那是你的詩筆

點燃生命之火
照耀的光
那是因你奮進
所產生
來自你體內
生命的光輝

至於所謂
「命定非去不可的地方」
也不一定是命定
不一定存在這地方
人生有沒有終點站？
誰知道？
誰來證明？
有誰去了終點站
再回來告訴你？
《般若波羅蜜多心經》說

「不生不滅……
乃至無老死
亦無老死盡」

是故，無老死
無終站
生命不斷的在流轉
一世流向一世
都不怕
一個渡口
又度過一個渡口
都要度過

如果要很慎重論述現代人所謂「往生」之意涵，可能須要一本大論文才能清楚解釋。惟所謂「往生」，去到另外一個世界，接續下一段生命，如是便無所謂「死亡」，生命也就沒有所謂「終點站」。但能有這一世的生命，也是千載難有，千年之因緣，這一世相見的好友，下一世都不會碰面（碰到也不認識）。所以，我們都要〈珍惜相聚時光〉。

多相聚吧！
多珍惜相聚的好時光！

年輕時候是相聚的好時光
那時候，活力十足，神采奕奕
可以蹦蹦跳跳，無憂無慮
遨遊在天空地闊間
讓無限青春盡情發揮
該多加利用，不能隨意放過

年老時更需珍惜相聚的時光
那是人生最珍貴的時候
也是最美好的時候
有很多可以相聚的活動呀
到公園，到活動中心

閱讀書報，下棋，聽音樂……
再不然，聊聊天回憶年輕的日子也很好
多享受這段黃昏時光！
那是與安樂相隨的好時光！
那是多彩繽紛的好時光！

不論什麼時候
多相聚，多培養感情吧！
多相聚，多增廣見識吧！
多相聚，多發光發熱吧！
多珍惜相聚的好時光吧！

雖然生命是生生世世，永無止息在流轉中（佛教稱六道輪迴，天堂也仍在六道輪迴中，只有去到西方極樂世界，才是脫離六道，不再輪迴。）但「這一世」仍然就是一世，這一世所有接觸到的人（親人、其他），都是因緣和合，緣散則滅。

這表示，你這一生碰到的親人或朋友，都只有今生今世一次機會，來世不會再相見（見面也不認識）。因此，不論親人或朋友，珍惜今生今世的緣吧！詩頌之。

時間之輪
無情的輾壓過來
我們珍惜
珍惜所有時間
忘記的時段
盡情的
喚醒記憶
呼喚親人和朋友
説説昔日
聊聊故人
以及有緣人
乘時間之巨輪未到前
共飲一壺熱茶
並一起簽訂

一個密約
最後的那一碗
孟婆湯
我們都不喝

凡走過必留下痕跡
我們珍惜
每一個腳印
並將每一個腳印
串成一行行詩句
在每個詩句中
填入此生珍貴的
親情、友情和愛情
這些名山事業
不因一世生命的結束
而幻滅
必將在人間

永久典藏
等待生生世世的有緣人
續一段詩緣

眼看著那時間的巨輪
步步逼近
別理它
當它是空氣
我們就是珍惜當下
遠古的記憶
漸漸的鳥獸散
也無所謂
就珍惜這片刻
與好友榕樹下小坐
靜靜地聽
小鳥的歌聲多麼悅耳
微風如詩

而黃昏的彩霞多麼美麗
啊，許兄
在你心中
一首美美的詩
又誕生了

進出一本改變你腦袋的詩集：許其正《一定》釋放核能量　226

陳福成著作全編總目

壹、兩岸關係

①決戰閏八月
②防衛大台灣
③解開兩岸十大弔詭
④大陸政策與兩岸關係

貳、國家安全

⑤國家安全與情治機關的弔詭
⑥國家安全與戰略關係
⑦國家安全論壇。

參、中國學四部曲

⑧中國歷代戰爭新詮
⑨中國近代黨派發展研究新詮
⑩中國政治思想新詮
⑪中國四大兵法家新詮：孫子、吳起、孫臏、孔明

肆、歷史、人類、文化、宗教、會黨

⑫神劍與屠刀
⑬中國神譜
⑭天帝教的中華文化意涵
⑮奴婢妾匪到革命家之路：復興廣播電台謝雪紅訪講錄
⑯洪門、青幫與哥老會研究

伍、詩〈現代詩、傳統詩〉、文學

⑰幻夢花開一江山
⑱赤縣行腳・神州心旅
⑲「外公」與「外婆」的詩
⑳尋找一座山
㉑春秋記實
㉒性情世界
㉓春秋詩選
㉔八方風雲性情世界
㉕古晟的誕生
㉖把腳印典藏在雲端
㉗從魯迅文學醫人魂救國魂說起
㉘六十後詩雜記詩集

陸、現代詩（詩人、詩社）研究

㉙三月詩會研究
㉚我們的春秋大業：三月詩會二十年別集
㉛中國當代平民詩人王學忠
㉜讀詩稗記
㉝嚴謹與浪漫之間
㉞一信詩學研究：解剖一隻九頭詩鵠
㉟囚徒
㊱胡爾泰現代詩臆說
㊲王學忠籲天詩錄

柒、春秋典型人物研究、遊記

㊳山西芮城劉焦智「鳳梅人」報研究
㊴在「鳳梅人」小橋上
㊵我所知道的孫大公

㊶為中華民族的生存發展進百書疏
㊷金秋六人行
㊸漸凍勇士陳宏

捌、小說、翻譯小說

㊹迷情・奇謀・輪迴、
㊺愛倫坡恐怖推理小說

玖、散文、論文、雜記、詩遊記、人生小品

㊻一個軍校生的台大閒情
㊼古道・秋風・瘦筆
㊽頓悟學習
㊾春秋正義
㊿公主與王子的夢幻、
(51)洄游的鮭魚
(52)男人和女人的情話真話
(53)台灣邊陲之美
(54)最自在的彩霞
(55)梁又平事件後

拾、回憶錄體

(56)五十不惑
(57)我的革命檔案
(58)台大教官興衰錄
(59)迷航記、
(60)最後一代書寫的身影
(61)我這輩子幹了什麼好事
(62)那些年我們是這樣寫情書的
(63)那些年我們是這樣談戀愛的
(64)台灣大學退休人員聯誼會第九屆理事長記實

拾壹、兵學、戰爭

(65)孫子實戰經驗研究
(66)第四波戰爭開山鼻祖賓拉登

拾貳、政治研究

(67)政治學方法論概說
(68)西洋政治思想史概述
(69)中國全民民主統一會北京行
(70)尋找理想國：中國式民主政治研究要綱

拾參、中國命運、喚醒國魂

(71)大浩劫後：日本311天譴說
日本問題的終極處理

拾肆、地方誌、地區研究

(72)台大逸仙學會
(73)台北公館台大地區考古・導覽
(74)台中開發史
(75)台北的前世今生
(76)台北公館地區開發史

拾伍、其他

(77)英文單字研究
(78)與君賞玩天地寬（文友評論）
(79)非常傳銷學
(80)新領導與管理實務

2015 年 9 月後新著

編號	書　　　名	出版社	出版時間	定價	字數(萬)	內容性質
81	一隻菜鳥的學佛初認識	文史哲	2015.09	460	12	學佛心得
82	海青青的天空	文史哲	2015.09	250	6	現代詩評
83	為播詩種與莊雲惠詩作初探	文史哲	2015.11	280	5	童詩、現代詩評
84	世界洪門歷史文化協會論壇	文史哲	2016.01	280	6	洪門活動紀錄
85	三搞統一：解剖共產黨、國民黨、民進黨怎樣搞統一	文史哲	2016.03	420	13	政治、統一
86	緣來艱辛非尋常－賞讀范揚松仿古體詩稿	文史哲	2016.04	400	9	詩、文學
87	大兵法家范蠡研究－商聖財神陶朱公傳奇	文史哲	2016.06	280	8	范蠡研究
88	典藏斷滅的文明：最後一代書寫身影的告別紀念	文史哲	2016.08	450	8	各種手稿
89	葉莎現代詩研究欣賞：靈山一朵花的美感	文史哲	2016.08	220	6	現代詩評
90	臺灣大學退休人員聯誼會第十屆理事長實記暨 2015～2016 重要事件簿	文史哲	2016.04	400	8	日記
91	我與當代中國大學圖書館的因緣	文史哲	2017.04	300	5	紀念狀
92	廣西參訪遊記（編著）	文史哲	2016.10	300	6	詩、遊記
93	中國鄉土詩人金土作品研究	文史哲	2017.12	420	11	文學研究
94	暇豫翻翻《揚子江》詩刊：蟾蜍山麓讀書瑣記	文史哲	2018.02	320	7	文學研究
95	我讀上海《海上詩刊》：中國歷史園林豫園詩話瑣記	文史哲	2018.03	320	6	文學研究
96	天帝教第二人間使命：上帝加持中國統一之努力	文史哲	2018.03	460	13	宗教
97	范蠡致富研究與學習：商聖財神之實務與操作	文史哲	2018.06	280	8	文學研究
98	光陰簡史：我的影像回憶錄現代詩集	文史哲	2018.07	360	6	詩、文學
99	光陰考古學：失落圖像考古現代詩集	文史哲	2018.08	460	7	詩、文學
100	鄭雅文現代詩之佛法衍繹	文史哲	2018.08	240	6	文學研究
101	林錫嘉現代詩賞析	文史哲	2018.08	420	10	文學研究
102	現代田園詩人許其正作品研析	文史哲	2018.08	520	12	文學研究
103	莫渝現代詩賞析	文史哲	2018.08	320	7	文學研究
104	陳寧貴現代詩研究	文史哲	2018.08	380	9	文學研究
105	曾美霞現代詩研析	文史哲	2018.08	360	7	文學研究
106	劉正偉現代詩賞析	文史哲	2018.08	400	9	文學研究
107	陳福成著作述評：他的寫作人生	文史哲	2018.08	420	9	文學研究
108	舉起文化使命的火把：彭正雄出版及交流一甲子	文史哲	2018.08	480	9	文學研究

109	我讀北京《黃埔》雜誌的筆記	文史哲	2018.10	400	9	文學研究
110	北京天津廊坊參訪紀實	文史哲	2019.12	420	8	遊記
111	觀自在綠蒂詩話：無住生詩的漂泊詩人	文史哲	2019.12	420	14	文學研究
112	中國詩歌墾拓者海青青：《牡丹園》和《中原歌壇》	文史哲	2020.06	580	6	詩、文學
113	走過這一世的證據：影像回顧現代詩集	文史哲	2020.06	580	6	詩、文學
114	這一是我們同路的證據：影像回顧現代詩題集	文史哲	2020.06	540	6	詩、文學
115	感動世界：感動三界故事詩集	文史哲	2020.06	360	4	詩、文學
116	印加最後的獨白：蟾蜍山萬盛草齋詩稿	文史哲	2020.06	400	5	詩、文學
117	台大遺境：失落圖像現代詩題集	文史哲	2020.09	580	6	詩、文學
118	中國鄉土詩人金土作品研究反響選集	文史哲	2020.10	360	4	詩、文學
119	夢幻泡影：金剛人生現代詩經	文史哲	2020.11	580	6	詩、文學
120	范蠡完勝三十六計：智謀之理論與全方位實務操作	文史哲	2020.11	880	39	戰略研究
121	我與當代中國大學圖書館的因緣（三）	文史哲	2021.01	580	6	詩、文學
122	這一世我們乘佛法行過神州大地：生身中國人的難得與光榮史詩	文史哲	2021.03	580	6	詩、文學
123	地瓜最後的獨白：陳福成長詩集	文史哲	2021.05	240	3	詩、文學
124	甘薯史記：陳福成超時空傳奇長詩劇	文史哲	2021.07	320	3	詩、文學
125	芋頭史記：陳福成科幻歷史傳奇長詩劇	文史哲	2021.08	350	3	詩、文學
126	這一世只做好一件事：為中華民族留下一筆文化公共財	文史哲	2021.09	380	6	人生記事
127	龍族魂：陳福成籲天錄詩集	文史哲	2021.09	380	6	詩、文學
128	歷史與真相	文史哲	2021.09	320	6	歷史反省
129	蔣毛最後的邂逅：陳福成中方夜譚春秋	文史哲	2021.10	300	6	科幻小說
130	大航海家鄭和：人類史上最早的慈航圖證	文史哲	2021.10	300	5	歷史
131	欣賞亞媺現代詩：懷念丁穎中國心	文史哲	2021.11	440	5	詩、文學
132	向明等八家詩讀後：被《食餘飲後集》電到	文史哲	2021.11	420	7	詩、文學
133	陳福成二〇二一年短詩集：躲進蓮藕孔洞內乘涼	文史哲	2021.12	380	3	詩、文學
134	中國新詩百年名家作品欣賞	文史哲	2022.01	460	8	新詩欣賞
135	流浪在神州邊陲的詩魂：台灣新詩人詩刊詩社	文史哲	2022.02	420	6	新詩欣賞
136	漂泊在神州邊陲的詩魂：台灣新詩人詩刊詩社	文史哲	2022.04	460	8	新詩欣賞
137	陸官 44 期福心會：暨一些黃埔情緣記事	文史哲	2022.05	320	4	人生記事
138	我躲進蓮藕孔洞內乘涼--2021 到 2022 的心情詩集	文史哲	2022.05	340	2	詩、文學
139	陳福成 70 自編年表：所見所做所寫事件簿	文史哲	2022.05	400	8	傳記
140	我的祖國行腳詩鈔：陳福成 70 歲紀念詩集	文史哲	2022.05	380	3	新詩欣賞

141	日本將不復存在：天譴一個民族	文史哲	2022.06	240	4	歷史研究
142	一個中國平民詩人的天命：王學忠詩的社會關懷	文史哲	2022.07	280	4	新詩欣賞
143	武經七書新註：中國文明文化富國強兵精要	文史哲	2022.08	540	16	兵書新注
144	明朗健康中國：台客現代詩賞析	文史哲	2022.09	440	8	新詩欣賞
145	進出一本改變你腦袋的詩集：許其正《一定》釋放核能量	文史哲	2022.09	300	4	新詩欣賞

陳福成國防通識課程著編及其他作品

（各級學校教科書及其他）

編號	書　　　　名	出版社	教育部審定
1	國家安全概論（大學院校用）	幼　獅	民國 86 年
2	國家安全概述（高中職、專科用）	幼　獅	民國 86 年
3	國家安全概論（台灣大學專用書）	台　大	（臺大不送審）
4	軍事研究（大專院校用）（註一）	全　華	民國 95 年
5	國防通識（第一冊、高中學生用）（註二）	龍　騰	民國 94 年課程要綱
6	國防通識（第二冊、高中學生用）	龍　騰	同
7	國防通識（第三冊、高中學生用）	龍　騰	同
8	國防通識（第四冊、高中學生用）	龍　騰	同
9	國防通識（第一冊、教師專用）	龍　騰	同
10	國防通識（第二冊、教師專用）	龍　騰	同
11	國防通識（第三冊、教師專用）	龍　騰	同
12	國防通識（第四冊、教師專用）	龍　騰	同

註一　羅慶生、許競任、廖德智、秦昱華、陳福成合著，《軍事戰史》（臺北：全華圖書股份有限公司，二〇〇八年）。

註二　《國防通識》，學生課本四冊，教師專用四冊。由陳福成、李文師、李景素、頊臺民、陳國慶合著，陳福成也負責擔任主編。八冊全由龍騰文化事業股份有限公司出版。